초협동의 시대
김화의 꿈!

THE VALUE OF HYPER
COOPERATION

이범석
지음

초협동의 시대

김화의 꿈!

김화농협 50년을 넘어
초협동의 평화로 100년을 향하여

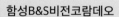

함성B&S비전코람데오

철원 김화는 나의 고향으로 어릴 때부터 늘 남과 북으로 나누어진 휴전
선을 바라보며 총포 사격이 끊이지 않는 최전방의 긴박감이 감도는 현장이
다. 늘 대남방송을 들으며, 북에서 날아온 전단지(삐라)를 주어 딱지를 만
들며, 불발탄으로 놀이를 했던 어린 시절이 생각이 난다. 지금은 평온한 가
운데, 매일 DMZ 안에 있는 농장에 들어가기 위해 초소 앞에서 줄을 서 기
다리는 것이 당연한 것으로 알면서, 하루하루 농작물을 키우느라 바쁘게
살고 있다. 내가 살며 호흡하며 생활하고 머무는 이곳의 환경과 현실에 너
무나 익숙한 일상이 된 나머지, 역설적으로 철원, 김화의 역사와 미래에 대
해 무심해 지기도 하였다.

철원에 살고 있지만 철원이 어떤 곳인지 자세히 모를 수도 있고, 김화가
왜 남과 북으로 분단이 되었는지 그 역사적 궤적을 자세히 이해 할 수도 없
었는데 이 책은 현재를 사는 우리에게 이 땅의 가치, 지역의 가치를 잘 표
현해 주고 있다. 철원땅은 10세기 초 궁예가 태봉국의 수도를 정한 곳으로
'영원한 평화가 깃든 평등 세상'의 대동방제국을 꿈꾸었던 곳이다. 김화는

예전에 금이 많이 나오는 곳이라 해서 금벌이라고 하였고 이후 한국전쟁 까지 금화(金化)로 불리었으며 60년대부터 현재의 김화로 불리기까지, 이 책은 한 지역에 대한 애환과 그 곳에서 뿜어져 나오는 새로운 생기와 멋을 정말 상세히 나타내고 있다. 특히 김화가 금강산으로 가는 길목에 반드시 하루를 묵고 가는 지역이라 이곳에서 시와 그림을 그린 분들에 대해 소개를 해 주었고 겸재 정선의 화강백전의 숨은 이야기를 그림처럼 풀어 주고 있다. 또 병자호란에서 승리를 거두고도 빛이 나지 않았던 김화의 화강백전 전투에 대해 이병연의 시를 인용하여 '옛일을 잘 알고 있는 노인이 고목의 짙푸르름만을 가리키고 있다(指古木之蒼蒼)'는 내용은 315년 후 다국적군의 격전지가 된 김화의 오성산을 다시 조명해 주고 있다.

김화의 오성산 앞 '저격능선 전투'와 '삼각고지 전투'를 중국은 '상감령전역(上甘嶺戰役)'이라 부르고 있고 현재도 삼강령정신(上甘嶺情神)으로 항미원조(抗美援朝)전쟁을 미화하고 있다. 이에 저자는 중국과 북한에 대해 '초협동의 가치를 바탕으로 김화에 범인류의 평화정신을 펼칠 수 있도록 「세계평화치유센터」를 만들어야 한다'고 이야기하고 있다. 뿐만아니라 국제기구 유치와 「세계지뢰박물관」 등을 만들면 김화의 생태환경이 평화환경으로 변할 수 있고 철원에 또다른 컨텐츠, 문화명소가 되어 경제와 인구감소의 문제를 해결할 수 있다. 이 부분에 대해 접경지역에 사는 우리들은 깊이 고민해 보아야 할 것 같다. 접경지역에 살면서 분단의 현실만 한탄을 했는데 우리들이 생각하지 못했던 DMZ에 대해서 많은 다양한 관점을 제시해 주고 있다. 남북이 오성산 앞 GP를 서로 철거를 하면서 평화의 한걸음을 떼었듯이 이제 DMZ이 세계유산으로 생물권보전지역으로 다시 회복이 될 때 접경지역에 사는 우리들은 조그마한 희망의 싹을 틔워 나갈 수 있을 것이다.

최근 북한과 꽁꽁얼어 붙은 이 시간에도 과거로 돌아갈 수 없는 남북의 시계는 계속 째깍거리며 조그마한 교류와 왕래의 초침은 움직이고 있을 것이다. 그래서 이 책은 남북협력모델 가운데 협동조합의 예를 들며, 「제3의 개성공단 모델」을 만들어 남북간 교류와 협력의 시대를 만들어 나가도록 그 방안을 제시하고 있다. 그 출발점의 기초는 농업과 먹거리이며, 나아가 협동조합인데 가장 좋은 지역이 남과북으로 갈라진 이곳 김화라고 명확히 설명을 하고 있다. 내가 있는 김화농협이 50년의 역사를 갖고 앞으로 100년의 농협을 향해 나아가고 있는데 이 책은 국제협동조합연맹(ICA)에서 정한 협동조합원칙에 대해 다시 돌아볼 수 있는 기회가 되었고, 급변하는 국제정세에서 우리 사업을 어떻게 남북으로 확대해 나갈 수 있는가를 고민하게 하였다. 코로나19로 누적 확진자가 2억 명이 넘고 있는 팬데믹 상황에 마스크를 쓰는 것이 바로 초협동의 시작이라는 말처럼 우리의 자그마한 실천이 하나하나 쌓이게 되면 김화를 넘어 한국이 동북아 평화, 아니 세계의 진정한 평화를 맞이하는 마중물 역할을 할 수 있다.

　저자가 틈틈이 시간을 내어 방대한 철원과 김화에 대한 자료와 실증 김화농협의 또 다른 비전을 제시한 부분에 격려와 찬사를 보내며, 3선의 조합장 재임기간 중 잘한 일 가운데 하나로 저자인 이범석 상임이사 선임도 기억되기를 바란다. 앞으로 김화농협이 100년 농협으로 발전하는 과정에 김화군농협의 이상향을 그려보니 흐뭇하기도 하지만 비전 달성을 위하여 전 조합원님과 전임직원이 심기일전 총력을 다해야겠다는 마음을 다짐하면서 다시 한번 출간을 진심으로 축하드린다.

김화농업협동조합 조합장

엄충국

한반도 X축의 길목
철원 김화는 어디인가?

현재 내가 일하고 있는 철원 '김화'(金化)라는 지역은 일반 사람들에게는 다소 생소한 곳이다. 나 역시 군대 가기 전까지는 잘 듣지도 못한 곳이었다. 나는 청년 시절 군입대 후 화천에 있는 15사단에서 근무를 했다. 내가 복무한 우리 연대는 화천 다목리에 있었지만, 소속된 대대는 철원군 근남면 육단리에 있었다.

그 당시 육단리에서 군사작전과 훈련을 1년 정도 한 후 마현리 천불산에 있는 승리전망대 아래 지역에서 철책 소대장을 맡게 되었다. 우리 소대는 철책 경계를 하면서 DMZ를 통과하는 통문을 맡았기 때문에 비무장지대 내 수색과 매복조, 그리고 대북방송을 위해 투입되는 병사에 대해서 일일이 출입통제를 관리하였다. 매일 철책 근무를 하면서 좌측의 오성산과 우측의 금강산전기철도 궤적을 보며 긴장의 끈을 놓지 않고 경계를 섰다. 그리곤 새벽에 철책 근무를 마치고 철수할 때 능선 아래 낮게 드리운 아름다운 운무를 바라보며 청춘을 불태웠던 곳이 바로 이곳 김화였고 나와의 첫 인연이 시작된 장소이기도 했다.

군대 복무를 마치고 제대한 후에는 곧이어 농협중앙회에 입사하였고, 이후 31년을 장기근무하고 퇴직을 하게 되었다. 그런데 우연한 계기로 다시 철원 김화에 있는 김화농협에 근무하게 되었으니 이 또한 알 수 없는 인연의 끈인 것 같다. 이제 또 다른 제2의 청춘을 김화에서 하게 되었으니 다시 한번 운명적인 김화와의 만남이 이어진 것 같다.

나는 협동조합에서 31년이란 오랜 기간 근무를 했지만 직접 산지농협에 와서 일한 것은 이번이 첫 기회이다. 따라서 두 번의 만남인 김화의 역사와 땅에 대해 한땀 한땀 다시 알아가고 싶었고 나아가 접경지역에서 협동조합은 어떤 일을 해야 하는가를 고민하면서 이 글을 쓰게 되었다.

김화농업협동조합은 어느덧 50년을 넘어 이제 100년 농협으로 가야 하는 전환점에 서 있다. 이 관점에서 이야기의 중심이 되는 김화농협을 좀 더 자세히 알기 위해서는 먼저 김화농협이 속한 철원 김화의 지리적 특징과 역사적 의미를 고찰하고 싶었다. 또 김화농협의 근간이 되는 협동조합의 의미와 형성 배경을 다루고 조합의 근간인 협동조합법이 어떻게 태어났고 발전되었는지 자세히 기록하려 노력하였다.

제1편이 김화의 지리적 특징과 문화, 역사 그리고 전쟁의 상흔과 의미를 다루었다면 2편은 김화를 가로지르고 있는 비무장지대에 대해 배경과 의미를 알아보았다. 제3편은 '김화농업협동조합'의 이해와 현재의 모습을 알기 위해 그 뿌리인 국제협동조합연맹(ICA)의 협동조합 원칙과 한국농업협동조합의 생성과 발전배경을 포함했다.

제4편에서는 대한민국 최북단의 '김화농업협동조합'의 탄생과 현재의

사업, 그리고 미래를 다루었고 나아가 '김화농업협동조합'이 가야 할 방향 제시를 썼다. 마지막 5편에서는 코로나19로 인한 농업의 영향과 '초협동'의 가치관에 대해 살펴 보았다. 여기에 김화가 한국의 제3 개성공단이 되어 남북협력의 물꼬가 되기를 바라는 나의 간절한 소망을 구체적으로 서술하였다.

이곳 철원 김화는 한반도의 정중앙에 위치하여 침략의 길목에서 처참하게 폐허가 된 한 많은 역사가 있는데 김화농협도 초창기 어려운 시절을 많이 겪은 곳이었다. 그렇지만 오늘날 김화의 파프리카, 토마토가 전국에서 가장 좋은 산지로 명성을 얻어 나갔듯이 이제 김화농협도 새로운 시대 '초협동의 역사'를 쓰기 위해 한발 한발 앞으로 나아가는 협동조합이 되어야 한다.

나는 이 시점에서 다소 생소하게 들릴 수 있지만 '초협동의 가치(the value of hyper cooperation)'라는 가치관의 방향 전환을 말하고 싶었고 바로 이곳 김화농협에서 우리가 꼭 실현해야 하는 목표로 삼고 싶었다. 지금까지 팽배했던 분열과 대립의 한국 사회에서 공존과 배려가 우선시되는 사회로 가기 위해 '초협동의 가치'는 정말 중요하다고 생각한다. 아울러 농촌경제의 활성화를 위하여 지역과 이념, 경계의 구분을 뛰어넘는 '초협동의 가치'를 이제 김화농협에서 시작해서 전국으로 그리고 전세계로 전파하고 싶다. 물론 여기에는 북한에 있는 김화군과의 초협동의 상생협력도 포함이 되며, 이곳 김화에서 제3의 개성공단이 생겨야 한다는 뜻을 여러 사람에게 알리고 그 의미도 같이 공유하고 싶다.

이제 우리 '김화농업협동조합'이 평화통일시대를 대비해 남북경제협력의 물꼬가 되는 역할을 하기 위해서는 폭넓은 가치관의 전환과 노력이 필요하다. 더 나아가 보다 구체적이고 현실적인 경제협력 실행계획을 세우고 이에 한마음으로 협동하여 참여한다면 다가오는 미래는 이곳 김화농협을 가장 필요로 할 것이라 믿는다.

그동안 이 책이 나오기까지 김화농협의 엄충국 조합장님, 이·감사님, 대의원님, 영농회장님, 조합원님, 임직원분들과 김화농협의 역사를 고증하여 주신 전 구선호 조합장님, 전 윤희철 조합장님께 감사를 드린다. 그리고 일반인이 통과할 수 없는 전방지역을 함께 돌아보며 농산물 작황과 기후변화 등 환경에 대해 걱정하시던 농산물품질관리원의 조낙현 소장님께 감사를 드린다. 그동안 함께 살아오면서 절반을 주말 부부로 지내면서도 불평하지 않고 철원과 김화를 나보다 더 사랑하는 아내 김영란과 아들 이은종, 사랑하는 며늘아기 황순원, 딸 이혜인, 동화작가인 사위 정진호에게 감사를 드린다. 그리고 올해 초 이 글을 쓸 때는 살아계셨는데 지금은 천국에서 나를 지켜보고 있는 어머니께 이 책을 바친다.

2021년 9월
명경지수의 휴전선을 보며
김화 와수리 문화마을에서

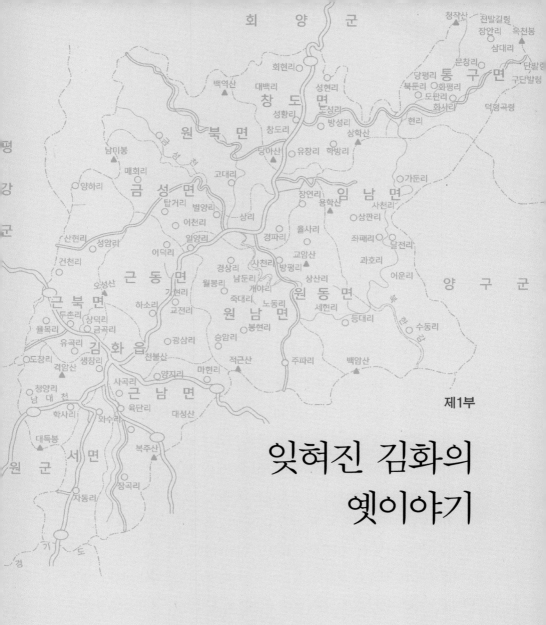

제1부

잊혀진 김화의
옛이야기

1.

잃어버린 마을
김화 생창리

2020년 8월은 한국 역사에서 전례 없는 가장 긴 장마와 폭우가 있었다. 이로 인해 전국의 마을이 잠기고 농작물이 침수되어 피해가 여간 큰 게 아니었다. 특히 폭우피해의 첫 번째 마을이 바로 철원 김화의 생창리 마을이었다. 2020년 8월 3일과 8월 5일에 두 번이나 생창리 마을이 침수되어 전국에 방송이 되었고 많은 곳에서 구호의 손길이 다가왔다. 김화농협에서도 마을에 제방이 넘치지 않도록 흙을 쌓는 톤백을 제공하였고 수재민에게는 긴급구호 물품을 지원하였다.

이렇게 수해 피해로 생창리 마을이 언론에 많이 노출되어 사람들이 인식하게 되었지만, 실제 이곳 김화 생창리 마을이 바로 북한의 오성산 아래 위치한 곳으로 옛 김화읍의 번성한 지역이었다는 사실을 아는 사람은 많지 않다. 좀 더 과거로 거슬러 올라가면 병자호란 당시에 김화의 화강백전전투(花江柏田戰鬪)가 있었고 한국전쟁 6·25 때에는 '저격능선 전투', '삼각고지 전투' 등으로 가장 큰 피해를 겪은 곳이기도 하다.

김화를 기록한 고서 '조선시대 관동지'(關東誌) 8권 이석형(李石亨)의 기문(記文)에 의하면, "김화(金化)가 현으로 된 것은 고구려 부여군(夫如郡)이 될 때부터이다. 뒤에 신라에 예속되어서는 부평(富平)이라고 이름하였고, 고려 현종 때에 이르러 처음으로 김화(金化)라고 일컬을 정도로, 현의 유래가 오래되었다."라고 기록되어 있다.

김화군은 일제 강점기를 지나 광복 후에 미국과 소련에 의해 삼팔선이 그어지면서 북한 통치하에 있게 되었다. 그 당시 김화군은 1읍 14개 면으로 주민이 92,622명이 거주하는 매우 큰 곳이었다. 김화군의 김화읍 사무소가 있었던 곳이 생창리 마을 부근인데 금강산 철도가 있는 김화역을 중심으로 백화점, 극장, 경찰서, 세무서, 금융조합, 군농회, 수리조합, 섬유조합, 운송조합, 변전소, 은행지점, 상가 등이 있어 매우 번화한 곳이었다.

포탄과 총탄으로 폐허가 된 암정교

그런데 6·25 한국전쟁의 폭격으로 번성했던 김화읍의 건물들은 대부분 전소되었고, 시멘트 다리인 암정교만 포탄의 흔적만 남긴 채 유유히 흐르는 화강(花江) 위에 자리 잡고 있다. 1970년에 와서야 폐허가 된 생창리 마을에 재건촌이 형성되어 현재에 모습을 갖추게 되었다.

화강(花江)은 북한의 강원도 김화군 금성면 어천리에 있는 수리봉(642m)에서 발원하여 DMZ를 거쳐 남으로 흘러 한탄강으로 합류가 된다. 화강(花江)의 총 길이는 43.6km인데 북한 쪽이 20.1km, 남한이 23.5km이다. 화강(花江)은 비무장지대를 지나 생창리 농업용수를 저장하는 저수지 '용양보'를 지나서 남으로 흘러 사곡천과 만난다.

그리고 김화에 오면 아름다운 저수지 '용양보'를 꼭 보아야 한다. 원래 군사 보호지역이라 일반에 공개되지 않았던 용양보는 「DMZ 생태평화공원」 탐방로가 생겨 일반인도 「생창리 방문자 센터」에 신청만 하면 트레킹을 자유롭게 할 수 있게 되었다. 현재는 돼지열병(ASF)으로 일반에 공개를 못 하고 있는데 조만간 재개장을 할 것이다. 이곳 「DMZ 생태평화공원」은 전쟁, 평화, 생태가 공존하는 DMZ의 상징적 메시지를 전파하기 위해 조성되어 일반인이 트레킹을 하면서 북한 초소까지 볼 수 있는 곳이다.

'용양보'는 DMZ 남방한계선 내에 조성된 유일한 농업용 저수지이다. 옛날 김화역에서 금강산으로 가는 전기철도의 철길 교각이 그대로 남아있는데 1970년 이 교각을 이용해 길이 120m, 높이 4m의 콘크리트로 보를 만들게 된 것이 바로 '용양보'이다. 그리고 DMZ 경계근무와 순찰을 돌기 위해 용양보 위에 출렁다리를 설치하여 병사들이 오가도록 하였는

용양보의 금강산 철길과 출렁다리

데, 지금은 오랜 세월의 풍파로 상판이 듬성듬성 떨어져 쇠줄만 앙상하게 남아있다.

맑은 물이 흐르는 '용양보'의 풍경은 너무나 한적하고 아름다워 마치 이국적인 사진을 보는 것 같다. 또 공기가 얼마나 깨끗하고 숨을 쉬기 편한지 가서 직접 가슴을 펴고 호흡을 해보아야 이 말을 이해할 수 있다.

인간의 간섭이 사라진 '용양보'는 사람들의 발길이 닿지 않아 원시 상태를 그대로 유지하고 있는데 왜가리, 백로, 두루미, 고니, 청둥오리 등 대표적인 철새들이 찾아와 보기 드문 장관을 이룬다.

사진에 보듯이 출렁다리 지지대 쇠줄에는 남과 북을 그림처럼 날며 오가는 가마우지 떼가 큰 숨을 고르며 쉬고 있다. 한편으로 보면 코로나19로 인류가 공포에 사로잡혀 있는 것을 가소롭게 생각하면서 장엄하게 앉아 있는 모습같이 느껴지기도 한다.

이 '용양보'를 따라 북으로 협곡이 이어져 있고 금강산 가는 철로 흔적이 남아있다. 금강산 전기철도는 원래 일제가 창도지역 유화철을 반출할 목적으로 건설하였는데 후일 내금강까지 연장하면서 금강산 관광객 수송이 주가 되었다. 1924년 8월에 경원선 환승역인 철원역에서 철원-김화(金化) 28.8km 구간을 먼저 개통하고 1931년 7월에는 김화-내금강역을 연결하여 금강산 철로 전체 116.6km를 개통하였다.

당시에는 철원에서 금강산까지 4시간 반가량 걸렸고 매일 8회 운행을 하였다고 한다. 요금은 그 당시 기준으로 쌀 한 가마 값인 7원 56전에

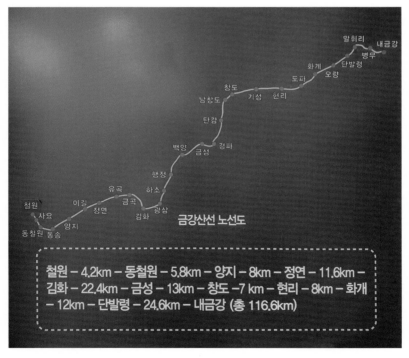

철원 - 4.2km - 동철원 - 5.8km - 양지 - 8km - 정연 - 11.6km -
김화 - 22.4km - 금성 - 13km - 창도 - 7 km - 현리 - 8km - 화개
- 12km - 단발령 - 24.6km - 내금강 (총 116.6km)

금강산 전기철도 노선도

정연리 금강산 끊어진 철길 금강산 90키로

이를 정도로 비쌌다. 1938년에는 2만 5천 명이 탑승하여 누적 이용객이 153,106명을 기록하기도 하였다. 신식 교통수단이었던 금강산 전기철도는 학생들의 통학 수단, 주민, 관광객의 운송 수단 및 광산 자원 확보의 산업 철도 역할을 톡톡히 하였다.

그러나 태평양전쟁을 일으킨 일본은 1944년 전쟁을 수행하기 위해 새로운 선로 건설이 필요하였고, 이를 위한 자재 확보를 위해 창도-내금강간 49km를 철거하고 축소된 철원-창도간 67.6km만 운행하였다. 한국전쟁 이후에는 비무장지대를 통과하는 금강산 전기철도가 사실상 폐선되어 현재 화강(花江)을 가르는 교량 흔적만 남아 있을 뿐이다. 앞으로 남과 북의 교류가 다시 시작되고 금강산 관광이 재개된다면 이곳을 통해 금강산까지 철도가 개설되어 기차를 타고 금강산으로 가는 꿈을 꿀 수 있을 것이다.

2.

김화에서 펼쳐진
화강백전(花江柏田)

병자호란(丙子胡亂)과 김화의 화강백전전투(花江柏田戰鬪)

이곳 '김화 생창리'는 병자호란(丙子胡亂) 당시 '백전(柏田)전투'가 벌어진 한복판이었다. 김화 생창리 마을에서 북측 오성산 방향으로 올라가다 보면 병자호란 당시 청(淸)나라 군대에 맞서 김화 '백전(柏田)전투'에서 싸우다가 전사한 평안도 관찰사 홍명구(洪命耉 1596~1637)의 위패를 모신 충렬사(忠烈祠)가 있다. 충렬사 위쪽 정연리 가는 방향의 산지 구릉지대는 같은 날 청나라 군대에 맞서 평안도 병마절도사 유림(柳琳1581~1643)이 승리한 곳이다.

충렬사 뒤로는 남방한계선과 맞닿아 있는 성재산(城齋山 471m)이 있고, 철책 넘어 북녘땅인 오성산(五聖山 1,062m)이 눈앞에 거대하게 자리 잡고 있다.

김화 생창리 충렬사

   병자호란(丙子胡亂)은 1636년(인조 14) 12월 8일 청나라가 13만 병력으로 꽁꽁 얼어버린 압록강을 건너 곧바로 조선 한양을 향해 무력 침공한 전쟁이다. 당시 조선의 대청 방어전략은 '청야견벽(淸野堅壁)'으로 강한 청(淸)나라의 기병과 직접 맞부딪치는 것을 피하고 침공로 주변의 성에 군사를 집결하여 공성전을 강요함으로써 전쟁을 장기전으로 이끄는 것이었다. 이 전략은 명나라가 아무리 약체화되었더라도 이를 배후에 두고서는 장기전을 벌이기 어려운 청의 약점을 노린 것이었다. 그러나 오히려 청(淸)나라는 조선군이 지키고 있던 산성을 우회해서, 한양으로 신속히 남진하여 인조와 조정이 강화도로 피난하는 길을 차단하였다.

   당시 청군의 압록강 도하 소식을 접한 평안감사 홍명구는 병력을 조직하여 평양성 북(北)에 있는 자모산성(慈母山城)에 들어가 청군을 방어하

병자호란 당시 청나라 침공로

려 했으나 청군이 이를 무시하고 그대로 남진(南進)하였으므로 아무것도 대처할 수 없었다. 이에 청군을 쫓아 1636년 12월 18일 평양에서 출발해 남하했으나 철원, 연천 등지에 주둔한 청군의 별동대에 가로막혀 더는 접근할 수 없었다. 그리고 1637년 1월 26일 강원도 김화에 이르러 진열을 가다듬고 청군과 전투를 준비하였다. 드디어 1637년 1월 28일 새벽에 전투가 시작 되었다. 평안도 관찰사 홍명구는 탑곡(塔谷) 평지에 진을 쳤다.

하지만 병마절도사 유림은 "평지에 진을 치면 적의 공격을 받기 쉬우므로 높은 곳으로 옮겨야 한다"고 홍명구에게 건의를 했다. 그러나 홍명구는 "높은 곳에 진을 치면 청군이 바로 남한산성으로 진격을 하므로 적이 공격하도록 유인하기 위해 평지에 진을 쳐야 한다."라고 말하면서 유림의 건의를 받아들이지 않았다. 그는 죽음을 각오하고 평지에 진을 쳤다.

결국 평지에 진을 친 홍명구는 얼마 싸우지 못하고 전사하고 말았다. 반면 유림 군대는 백전(柏田)고지 즉 잣나무 숲 언덕에 목책을 치고 뒤에 진지를 구축했다. 청군은 잣나무 언덕에 있는 유림 군대를 향해 계속 공격을 했지만, 유림 휘하의 장졸들은 해 질 무렵까지 계속된 청군의 공격을 투혼으로 막고 싸웠다. 병마절도사 유림은 한정된 탄환과 화살을 아끼기 위해 청군이 10여 보 이내에 들어오기 전까지는 절대로 사격하지 못하도록 철저히 통제하며 포와 총, 활을 쏘며 버티었다. 결국 병마절도사 유림의 리더십과 장졸들의 투혼으로 청군의 시체는 성책(城柵)에 가득 쌓이게 되었다.

전쟁이 끝난 후 김화현령이었던 안응창(1603~1680)은 '백전(柏田) 전투'의 격전장 부근 6~7곳에 가매장했던 전사자 유해 1,000여 구를 현재의 충렬사 뒤 성재산(해발 463m) 기슭에 전골총을 만들어 안치하고 해마다 그들의 넋을 위로했다. 조선 후기 문신 남구만(南九萬)의 시문집인 '약천집(藥泉集)'에는 '백전(柏田) 전투'를 "아군은 높은 지형에서 굽어보고 청군은 아래에서 위를 우러러보는 지형에서 잣나무 숲이 빽빽하여 오랑캐 기병들이 돌격할 수 없었고, 적이 쏜 화살도 대부분 잣나무에 맞아 사람에게는 미치지 못했다"라고 기록하고 있다. 그리고 조선 후기 문신 박태보의 '정재집(定齋集)'에서 "이 싸움에서 적병은 죽은 자가 헤아릴 수 없이 많았다. 적은 그 시체를 모두 거두어 태웠는데 3일이 걸린 뒤에야 끝내고 돌아갔다."라고 기록되어 있다. 결국 홍명구와 유림의 평안도 근왕군(勤王軍) 부대는 김화에서 4차례에 걸친 청과의 전투에서 약 3,000명의 청군 희생자를 내고 승리한 것이다.

유림은 결국 해 질 무렵에 산 아래 적이 포위를 풀고 돌아가자 후방지 원군이 없어 더는 오래 버티지 못할 것을 알고, 높은 가지에 등을 걸고 화포를 나무에 묶어 조총의 화문에 화승을 연결한 후 목책을 버리고 낭천(浪川) 산중으로 후퇴했다.

유림의 전략은 먼저 유리한 전투 지형을 선정하여 적이 코앞에 도달할 때까지 기다렸다가 발포하도록 사격을 통제하는 것이었다. 또한 그는 전투 승리 후에 또다시 적의 공격을 대비해 안전한 후퇴 시기를 선정하고, 후퇴 때 적을 교란하기 위한 임시 조총 자동 사격 장치를 설치하는 등 철저한 부하 관리와 전술·전략에 거의 완벽한 지휘관이었다.

병마절도사 유림은 이제 인조가 피신해 있는 남한산성을 향해 군대를 이동했다. 그런데 남한산성에 도착도 하기 전 1637년 1월 30일 항전을 포기한 인조가 지금의 잠실인 삼전도(三田渡)에서 '삼궤구고두(三跪九叩頭)'의 치욕을 감수하며 군신(君臣) 관계를 맺는 '정축화약(丁丑和約)'을 체결하였다. '삼궤구고두'는 3번 무릎을 꿇고 9번 머리를 조아리는 예법이다. 병마절도사 유림은 인조의 항복 선언을 듣고 김화 '백전(柏田) 전투'의 승리조차 기뻐 웃을 수 없는 현실에 부딪혔다. 그러나 훗날 역사는 평안도 관찰사 홍명구와 병마절도사 유림이 지휘한 김화 '백전(柏田) 전투'와 용인 '광교산 전투'를 병자호란 2대 승첩(勝捷)이라고 기록하고 있다.

한시에서 본 평안도 관찰사 홍명구(洪命耇)의 운명

홍명구는 어릴 적 꽃을 보고 시를 지었다.

"화락천지홍(花落天地紅)" 꽃이 지니 온 천지가 붉게 물들다.

이 시를 본 할머니가 손자는 귀하게 될 것이지만 요절할 것 같다고 말했다. "꽃이 피어 천지가 붉다" 화발천지홍(花發天地紅)이라 했으면 복록이 무궁했을 것인데 '피었다'라고 하지 않고 '꽃이 졌다'라고 했기 때문에 요절할 것이라고 할머니는 생각한 것이다. 과연 홍명구는 평안도 관찰사로 병자호란을 맞아 청나라군과 싸우다 42세의 나이에 김화에서 장렬하게 전사를 했다. 할머니의 예견대로 홍명구는 짧다면 짧은 생을 풍전등화와 같은 조선을 구하기 위해 평지에서 죽음을 무릅쓰고 싸워 적 수백 명을 살상한 후 전사했다.

오래 길게 사는 것보다 더 큰 값진 삶을 살았기에 그가 쓴 시의 내용과 같이 꽃처럼 멋진 삶을 살다가 온 천지를 붉게 물드는 '의열'이란 이름이 사액 되었다. 훗날 조선 효종 원년(1650) 김화현 백전 읍민(현 김화읍)들이 3칸 규모의 사당을 건립하고 충렬공 홍명구 선생을 배향하였다. 효종 3년(1652) 왕은 충렬사 이름의 액자를 내리었다.

김화현감 이병연과 겸재 정선(鄭敾)의 『화강백전(花江栢田)』

꽃처럼 흐르는 강, 김화를 휘돌아 치는 아름다운 화강(花江)을 배경으로 조선 시대 유명한 진경산수화의 대가 겸재(謙齋) 정선(鄭敾 1676~1759)이 그린 『화강백전(花江栢田)』은 김화를 이야기할 때 빼놓을 수 없는 유명한 작품이다. 금강산을 가기 위해 김화를 거쳐야 했던 정선은 화강(花江)의 아름다움 뒤에 병자호란 때 승리를 하였던 김화의 '백전(栢田) 전투'를 생각하며 『화강백전(花江栢田)』을 그렸다고 한다.

정선이 그린 진경산수화는 다른 그림이나 화보를 모방한 그림이 아니고 우리나라 산하를 직접 답사하면서 화폭에 담은 산수화이다. 18세기에 진경산수화는 고려 시대와 조선 초·중기에 걸쳐 그려진 실경산수화(實景山水畵)의 전통을 토대로 발전하였다. 정선은 금강산과 영남지방 및 서울 근교 일대를 두루 다니면서 산천의 특색을 남종화법(南宗畵法)을 토대로 한 새로운 화격을 이룩하였다. 즉 전통 실경산수화의 면모를 탈피한, 진경산수화풍의 정형을 수립한 것이다. 진경(眞景)이란 용어 자체가 남종화(南宗畵)의 개념이듯이, 정선의 진경산수화는 남종화풍을 근간으로 삼았다.

남종화는 수묵을 가지고 담대하면서도 자유로운 형식으로 선비의 마음을 담아 그리는 수묵산수화의 복합적 양식으로, 전문화원들이 그리던 북종화와는 대비가 되는 그림이다. 진경산수화는 실제 풍경 즉 실경(實景)의 단순한 재현이 아니라 회화적 재구성을 통하여 경관에서 받은 감흥과 정취를 감동적으로 구현하는 특색이 있다.

조선의 산하를 그린 그림에 진경(眞景)이란 찬사를 붙인 것은 우리 금수강산의 산하에 대한 자긍심의 표출이었다. 이러한 자긍심의 원천에는 금강산이 있는데, 그 금강산을 가려면 반드시 거쳐야 하는 그 길목에 바로 '김화 역사'가 있는 것이다.

조선 시대에는 금강산을 가려면 서울에서 포천, 철원을 지나 김화(생창리)에서 하루를 지낸 후 다음날 금성, 창도를 지나 단발령을 넘어야 했다. 지금은 북한의 김화군이 된 옛 금성군에 다다르면 남대천 강변 길가에 "옷깃을 풀어 젖히는 정자"란 뜻을 지닌 '피금정(被襟亭)'이 있는데 겸재 정선이 이곳을 그려 더욱 유명해졌다.

겸재 정선을 이야기하면 반드시 그의 절친인 김화현감을 했던 이병연과의 우정을 이야기하지 않을 수 없다. 사천(槎川) 이병연(李秉淵, 1671년생)은 목은 이색의 후손으로 10,300여 편의 시를 지은 조선 시대 유명한 천재 시인이었다. 그 당시 "시는 이사천(이병연의 호), 그림으로는 정겸재 아니면 쳐주지 않는다"라는 말이 있을 정도로 그들의 시와 그림이 유명하였다. 이병연은 정선보다 5살 연상이지만 둘은 평생 친구였다고 한다.

사천 이병연(李秉淵)은 1710년에 김화(金化) 현감이 되자 1712년 스승인 김창흡과 가장 친한 친구 겸재 정선을 초대하여 같이 금강산 여행을 다녀왔다. 스승 김창흡은 성리학과 문장으로 이름을 떨치었는데, 철원 용화동에 있는 삼부연 폭포를 보면서 호를 삼연으로 하고 용화촌에 복거를 했다. 정선은 금강산과 금강산으로 오고 가는 도중에 있는 뛰어난 경치를 그린 30여 폭의 그림을 친구 이병연에게 선물로 주었고, 이병연은 스승인 김창흡에게 제화시(題畵詩)[1]를 부탁하여 시를 짓게 되었다. 이

---

1 동양화의 경우 화폭의 여백에 그림과 관계된 내용을 담은 절구나 율시를 첨록하는데 그러한 시를 일컬어 제화시(題畵詩)라고 한다.

렇게 만들어진 화첩이 「해악첩(海嶽帖)」인데 애석하게도 전하여 지지 않고 있다. 후에 겸재 정선은 1747년 다시 72세 나이에 세 번째 금강산 가는 길인 이곳 김화에서 '화강백전(花江栢田)'이란 진경산수화를 완성하였다. 그리고 금강산 여행을 마치고 해악첩의 재현인 「해악전신첩(海嶽傳神帖)」을 남겼다. 비록 그림은 21점으로 줄었지만, 이병연은 제화시를 다시 썼고 이미 고인이 된 김창흡의 시는 홍봉조가 대필해 넣었다. 현재 간송미술관에 소장되고 있는 「해악전신첩」은 보물 제1949호로 지정되어 있다.

겸재 정선의 '화강백전(花江栢田)'에는 숭고한 역사적 의미가 담겨있다. 겸재 정선이 단순히 화강(花江)의 아름다움만으로 그림의 소재로 삼은 것이 아니라 병자호란 때 평안감사 홍명구가 이곳에서 청군에게 패해 장렬한 최후를 마쳤기에 순국한 장졸 2천 명의 충혼을 기리기 위해 이 옛 전쟁터를 화폭에 담았다고 한다.

이런 연유로 '화강백전(花江栢田)'은 다른 진경산수화와 그 구성 자체가 다르다. 그림의 중앙에는 빽빽한 잣나무 숲을 그렸다. 이는 서양 풍경화와 같이 시점을 고정해 정면에 보이는 잣나무숲을 중앙에 채워놓고 그 아래로 옛 전쟁터를 상징하는 넓은 빈터만 남겨 놓은 것이다. 이러한 시각으로 그린 그림이니 자연히 투시적인 원근법이 이루어져 잣나무 잎새들은 먼 곳이 흐려지고 둥치도 멀수록 흐리고 가냘프게 표현되었다. 그래서 마치 서양 수채화를 보는 듯한 느낌이다. 다만 다른 것은 홍명구의 충혼을 기리는 충렬사 건물이 왼쪽 하단에 반쯤 보인다.

겸재는 잣나무숲을 그리기 위해 먼저 물을 많이 섞어 옅은 먹으로 칠하는 발묵(潑墨)법과 먹이 마르기 전에 좀 더 진한 먹을 덧입히고, 또 덧

겸재 정선의 『화강백전(花江栢田)』, 간송미술관

그리는 방식으로 점점 짙은 먹을 칠해 나가는 파묵법(破墨法)으로 잣나무 숲의 조밀한 분위기를 도출하며 그렸다.

산언덕 아래 뒹굴어 있는 돌무더기들은 옛 전쟁터를 상징하기 위해서 도끼로 쪼개낸 단면 같은 날카로운 필선을 구사하면서 백석인 듯 보이게 한 것은 땅 위를 뒹굴던 백골을 상징한 것이다.

겸재는 '화강백전(花江栢田)'을 그린 후 함께 간 김화현감을 하는 친구 이병연에게 시를 쓰게 하였다. 이병연 시인은 눈앞에 보이는 현실은 막막하고 황량하지만, 그 오래된 역사 속에 푸르름이 계속되고 있는 희망을 시에서 이야기하였다.

이병연은 시 속에서 노인에게 옛날 화강백전에 관한 일을 묻는데 노인은 대답 대신 손으로 오래된 고목의 짙푸름만 가리키고 있다. 결국, 역사의 흐름에 대해 원인과 결과를 분석하지만, 그 본질! 시간의 흐름인 푸르름! 즉 자연의 본질을 노인은 이야기하고 있다.

우리는 역사를 통해 새로운 사실을 알게 된다. 이를 교훈 삼아 반복되는 역사를 만들지 말아야 하는데, 오히려 미래보다는 과거의 역사를 지울 수 없음에도 자꾸 되돌아가는 습성이 있다. 이병연은 그 과거에서 현재를 잇고 미래로 나아가는 창창한 푸르름을 김화에 나타내고 있다.

화강백전 (花江栢田)

사천(槎川) 이병연(李秉淵)

荒荒兮栢田 (황황혜백전)

漠漠兮戰場 (막막혜전장)

逢故老而問答 (봉고노이문답)

指古木之蒼蒼 (지고목지창창)

"쓸쓸하구나, 잣나무밭!

아득하고 막연하구나, 옛 전쟁터!

옛일을 잘 알고 있는 노인에게 묻고 답하는데

오래된 고목의 짙푸르름만 가리키네"

이병연은 이 시에서 절대 독자에게 직접화법으로 이야기하지 않고, 노인이 손으로 가리키는 고목에 대해 스스로 깊이 고민하라고 이야기를 하고 있다. 내가 좋아하는 당나라 말엽 천재 시인 두목(杜牧)의 청명(淸明)이란 시에도 목동이 '나그네에게 행화촌을 손으로 가리킨다(牧童遙指杏花村)'라는 내용이 있는데 이병연의 시와 일맥상통하고 있다.

이병연과 정선의 우정은 정말 각별했다. 이병연과 정선이 각각 다른 곳으로 부임을 하여 서로 이별을 하게 되자, 두 사람은 서로에게 약속을 지키기 위해 시를 지었다. 겸재 정선이 양천(楊川) 현감으로 부임을 할 때

이별의 아쉬움을 나타내는 시를 지었는데, 또 그다음 해 이병연은 다음과 같은 시를 지었다. 양천은 지금의 서울 강서구 가양동 궁산 아래터인데 두사람은 이렇게 가까운 곳에 가 있는데도 서로를 위하여 시와 그림을 그리며 그리워한 것이다.

辛酉春仲 신유 봄에

槎弟(사제) 이병연

與 鄭謙齋 여 정겸재

有詩去畵來之約 유시거화래지약

我詩君畵換相看 아시군화환상간

輕重何言論價間 경중하언론가간

詩出肝腸畵揮手 시출간장화휘수

不知雖易更雖難 부지수역경수난

시가 가면 그림이 온다고 약속을 했는데

내 시와 그대의 그림을 서로 바꿔 보는데

누가 남고 모자라는지 어찌 값어치를 매길 수 있겠는가.

시는 간장에서 나오고 그림은 손을 휘둘러 그리니

어느 것이 쉽고 어느 것이 더 어려운지 모르겠구나.

이 시에서 '시화환상간(詩畵換相看)'이라는 구절이 나온다. 두 노인이 양천으로 떠나는 벗과의 잠시의 이별도 섭섭해하면서 시와 그림을 서로 바꿔 보자고 약속하는 장면은 과연 나에게 평생지기는 어디에 있을까를 곰곰이 생각하게 만든다.

아래의 그림을 보면 겸재 낙관 옆에 낙관보다 큰 '천금물전(千金勿傳)'이라고 작품의 머리 부분에 두인(頭印)이 찍혀 있다. 이는 친구 이병연과의 우정을 나타내는 것으로써, 둘이 함께 나누어 만든 이 작품을 '천금을 주어도 팔지 말자.'라는 의미이다.

그림이 가면 시가 오고, 시가 가면 그림이 오는 '시거화래(詩去畵來)'의 마음이 통하는 친구가 있다는 것은 얼마나 행복한 일인가! 오늘날 진정한 친구를 만난다는 것은 쉽지 않다. 하지만 이곳 김화에서 종종 술이 오가면서 마음이 오는 「酒去心來(주거심래)」의 친구를 구하고 싶다. 옛 오성과 한음, 포숙과 관중의 관포지교(管鮑之交)처럼 또 다른 이병연과 정선 겸재의 우정을 다시 이곳 김화 '화강백전(花江柏田)'에서 느낄 수 있다.

『시화환상간』 겸재 정선 간송미술관 소장

3.

「화강백전전투」315년 후
다시 다국적군의 격전지가 된 김화!

수많은 전쟁의 중심이 된 한반도 정중앙의 철원 김화

현재의 철원군은 한반도의 중심부로서 동서남북의 사통팔달 길목에 위치하여 북에서 남으로, 남에서 북으로, 동에서 서로, 서에서 동으로 가는 요충지이다. 그런데 이러한 요충지는 평화 시대에는 물산의 이동이 자유로워 경제가 발전할 수 있지만, 외침을 당하게 되면 길목에 위치하여 좌·우·상·하로 이동하면서 철저히 파괴당할 수밖에 없는 곳이 되기도 한다.

그 결과 철원은 현재 남과 북이 휴전하면서 서로 대치하고 있는 분단 시대에 더는 북으로 올라갈 수 없는, 분단과 아픔의 현장이 되었다. 또 접경지역에 따른 군사시설 보호구역으로 한반도의 경제 발전에서 철저히 소외를 당하고 있다. 그뿐만 아니라 최근 군병력 감축 계획에 따라 사단사령부가 포천으로 이전을 하려 하고 일부 군부대 통합으로 병력 감축이 가속화되면서 철원군의 경제는 갈수록 악화되고 있는 실정이다.

이렇게 철원이 지리적으로 한반도 중심에 있는 전략적 요충지이다 보니 역사적으로 많은 전쟁이 펼쳐졌다. 삼국시대에는 백제, 고구려, 신라가 땅을 차지하려고 치열한 전투를 벌였고, 그 결과 100년 간격으로 삼국이 서로 번갈아 점령하였다.

특히 철원에 있는 김화지역은 공민왕 때에는 고려를 침입한 20만 명의 홍건적이 지금의 김화에 있는 근남면 마현리 대성산 일대에서 고려군의 포위 작전으로 대패를 하였다. 고려군은 홍건적의 시신과 말머리를 대성산 앞에 묻었는데 이곳이 바로 '매두분(埋頭墳)'이다.

이어서 홍건적이 물러간 후, 고려말 우왕 때 왜구가 내륙 깊숙이 이곳 김화현, 평강현(平康縣) 등을 점령하자 강릉도부원수(江陵道副元帥) 남좌시(南佐時)가 고려 관군을 이끌고 김화에서 왜구를 공격하였으나 패하였다.

그리고 임진왜란이 발발한 선조 25년(1592) 6월 19일에는 강원도조방장(助防將) 원호(元豪)가 이끄는 부대가 김화에서 20대 약관에 불과한 왜장 시마즈 타다토요(島津忠豊)의 전략에 휘말려 참패하고 만다. 비운의 장수 원호는 5월까지 여주 남한강을 잘 지켰으나 6월 강원 감사의 명에 따라 여주에서 김화까지 오백여 리를 달려가 왜구와 전투에 임했다. 그러나 패색이 짙어지자 60대 노장은 그만 낭떠러지 아래로 투신해 장렬한 최후를 맞이했다. 안개 낀 김화 하소리의 화강(남대천)은 조선군과 왜군 병사들의 피로 붉게 물들었다고 한다.

이로부터 45년 뒤, 1637년 인조 때 병자호란이 발생하자, 김화읍 부근에서 청나라 군대와 기념비적인 일전인 홍명구와 유림의 '김화화강백전전투'가 또 벌어진 것이다. 그리고 병자호란이 끝나고 315년이 흐른 후에는 한국전쟁이 발발하였다. 병자호란과 6·25 한국전쟁 모두 김화의 오성산 바로 앞에서 벌어졌고 싸웠던 상대방은 청군(淸軍)에서 중국 인민지원군으로 바뀌었을 뿐이다.

　특히 1951년 봄부터 1953년 7월 27일 휴전이 될 때까지 철원과 김화지역의 중부 전선은 그야말로 밀고 당기는 전투의 고착 상태였으며 주요 고지를 탈환하기 위하여 공방전을 벌이면서 수많은 사상자가 발생하였다. 이러한 치열한 전투의 현장인 중부전선에 위치한 김화읍은 김화역전을 중심으로 금융조합, 경찰서, 수리조합, 운송조합, 섬유조합, 백화점, 극장, 무전 회사, 각종 식당 등 번화한 곳이었으나 전쟁의 폭격으로 당시 대부분 목재 건축물은 전소되었고 건물은 파괴되어 완전히 사라지게 되었다. 이렇게 삼국시대부터 시작된 김화의 긴 역사처럼 팔자 센 곳도 아마 없을 것이다. 이리 터지고 저리 터져서 지금은 역사 속에만 남아 있는 텅 빈 고을이 되었고 그것도 부족해 남과 북으로 김화군이 나누어져 있지 않은가! 이 모든 것이 국토의 정중앙 사통팔달의 길목에 위치한 전략적 중요성 때문이다.

　그러나 한편으로 이곳에는 자연이 주는 천혜의 보고 철원평야가 있다. 이곳의 오대미가 맛있는 것은 깨끗한 물, 맑은 공기, 가장 큰 일교차, 비옥한 화산재에 의한 현무암 토질 때문이다. 철원 농업인은 자조적으로 탄식을 쏟으며 "수많은 전쟁을 겪으면서 많은 사상자가 이곳 철원에 묻혔고, 그 희생자분들이 다음 세대에는 이런 불행한 전쟁이 없기를 바라는 솟구치는 심장의 붉은 피가 이 땅에 스며들어 있기에 오대미가 더 찰지고 맛있게 되었을 것"이라고 이야기를 하기도 한다.

김화 오성산 앞에서 벌어진 1637년 병자호란과 한국전쟁 중 1952년 '저격능선 전투'까지 315년이란 긴 시간을 통해 두 역사적인 사건은 현재를 사는 우리에게 어떻게 이 시대를 바라봐야 하고, 무엇을 하며 살아야 하는지를 묻고 있다.

한국전쟁에서 아들을 잃은 미·중 두 사람
– 미국의 밴 플리트 장군과 중국의 마오쩌둥(毛澤東)

한국전쟁 중 철원지역에서 치열하게 공방전을 벌였던 주요 전투는 '백마고지 전투'와 '화살머리고지 전투' 그리고 '저격능선 전투'와 '금성지구 전투'이다. 이 전투에서 한국국군, UN군, 중국인민지원군, 북한군 등 수많은 젊은 군인들이 죽었다. 당시 미 육군 제8군의 제임스 밴 플리트(James Alward Van Fleet) 사령관은 북으로 갈수록 지대가 높아져 아군입장에서는 탈환하기가 너무 힘들고 지도에서 평강·철원·김화를 이으면 삼각형 모양이 된다고 하여 '철의 삼각지대(Iron Triangle Zone)'라고 표현하였다.

밴 플리트 미8군 사령관은 "적의 생명줄인 철의 삼각지대를 반드시 차지해야 한다."라고 강조를 하였다. '철의 삼각지대'의 왼쪽 어깨가 '백마고지'라면 오른쪽 꼭짓점은 바로 김화의 오성산 일대이다.

철의 삼각지대, 네이버 사진 참조

　당시 제임스 밴 플리트 장군의 외아들 밴 플리트 주니어(James Alward "Jimmy" Van Fleet, Jr. 1925-1952)는 아버지를 돕기 위해 공군 중위로 한국 전쟁에 참전하였다. 27세의 밴 플리트 주니어 중위는 1948년 이본 루이스(Yvonne Cloud Lewis)와 결혼을 하고 갓 태어난 아들이 있는 신혼임에도 불구하고 미 공군 조종사로 참전을 한 것이다. 1952년 4월 4일 새벽 3시 B-26 폭격기를 조정해 평양 북쪽 순천 지역의 중국인민지원군의 주 보급로를 분쇄하는 폭격 임무를 수행하던 중 그만 적의 포격을 맞고 실종되었다. 미군은 수색을 확대해 아들을 찾자고 건의했지만 밴 플리트 장군은 "내 아들을 찾는 것보다 다른 작전이 더 중요하다"라며 수색 작업을 중단시켰다. 밴 플리트 장군은 이후 부활절을 맞아 실종 군인 부모들에게 다음과 같이 편지를 보냈다.

　"모든 부모는 저와 같은 심정일 것입니다. 우리 아들들은 나라에 대한 의무와 봉사를 다 하고 있었습니다. 오래전에 하나님께서 말씀하신 바와 같이 벗을 위하여 자신의 삶을 내놓은 사람보다 더 위대한 사랑은 없습니다."

이처럼 한국전에 아들을 참전시키고 아들을 잃은 밴 플리트 장군은 지도층의 사회에 대한 책임, 국민의 의무를 실천하는 높은 도덕성의 노블레스 오블리주(noblesse oblige)를 실천하였다.

그런데 중국의 주석 마오쩌둥(毛澤東)의 아들 마오안잉(毛岸英)도 한국전쟁에 참전해서 죽게 된다. 밴 플리트 장군의 아들 밴 플리트 주니어가 한국전쟁에서 참전하여 실종되었듯이, 당시 중국 주석 마오쩌둥(毛澤東)의 큰아들 마오안잉(毛岸英)도 한국전쟁에서 미군의 폭격으로 전사하였다.

그는 1949년 10월 리우쑹린(劉松林)과 결혼한 신혼임에도 불구하고 인민지원군으로 한국전쟁에 참전하게 되었다. 마오안잉(毛岸英)이 한국전에 참전하려고 할 때 인민지원군 총사령관 펑더화이(彭德懷)는 마오쩌둥(毛澤東)에게 아들의 참전을 허락하지 않도록 요청했으나 마오쩌둥은 "그는 어쨌든 나 마오쩌둥의 아들이다."라고 하며 참전을 반대하지 않았다.

러시아에서 유학했던 28살의 마오안잉(毛岸英)은 중국 인민지원군 총사령관인 펑더화이(彭德懷)의 러시아어 통역관으로 압록강을 건넜다. 마오안잉은 한국전쟁에 참전한 지 한 달 만인 1950년 11월 25일 평안북도 동창군 대유동에서 미군 전투기의 폭격에 맞아 전사했다.

마오안잉이 죽기 하루 전인 11월 24일 미군의 두 대의 P-61(Black Windows) 정찰기가 떠서 중국인민지원군의 위치를 탐지하였고, 다음날 정오에 4개의 네이팜(Napalm)탄이 마오안잉이 있는 동굴에 떨어져 죽게 되었다. 그의 유해는 평안남도 회창군 인민지원군 총사령부 열사릉원에 묻혀 있다.

마오쩌둥은 아들 시신을 중국으로 가져오지 않았다. 주위에서는 마오쩌둥에게 아들 시신을 가져오도록 권했지만 "다른 인민들도 자식을 전쟁터에서 잃었는데…"라며 시신을 가져오지 않은 것이다. 마오쩌둥은 훗날 "지도자라면 모범을 보여야 하는 것 아닌가! 라는 생각으로 아들의 참전을 말리지 않았다"라고 술회하였다. 이러한 마오쩌둥의 생각 또한 중국식 노블레스 오블리주(noblesse oblige)를 실천한 것이라 본다.

마오안잉의 유해가 묻혀있는 평안남도 회창군 인민지원군 총사령부 열사릉원에서는 지금도 북한이 중국의 도움이 필요하거나 북·중 관계가 좋으면 북한의 최고 지도자가 이곳을 찾아 헌화하는 행사를 한다. 마오안잉(毛岸英)이 북·중을 잇는 가교역할을 하고 있다면, 밴 플리트 장군은 한·미를 잇는 가교역할을 하고 있다.

밴 플리트 장군은 한국전쟁에서 연패를 거듭한 한국군의 문제점을 "우수한 장교 인력 및 사단급 이상의 대규모 군사 훈련의 부족"으로 보고 1951년 10월 경상남도 진해에 육군사관학교를 재건하여 장교 양성의 기틀을 세웠다. 그는 한국 청년들을 모으고 미 군사고문단 장교를 보내 육군사관학교 학생들을 주야로 훈련 시켰다. 이 청년들은 단기간 교육을 받고 전선에 보내져 경이로운 성과를 올리게 되었다. 그래서 육사 교정에는 밴 플리트 장군의 흉상이 있고 훗날 그를 "한국군의 아버지"라고 부른다.

제임스 밴 플리트는 대장으로 전역 후에도 전 미국을 돌면서 한국전쟁으로 피폐해진 대한민국의 전쟁고아들을 위한 모금 활동을 하면서 한국을 도왔다. 그리고 1957년 미국 최초의 한국 관련 비영리단체인 '코리아 소사이어티'(The Korea Society)를 설립하여 미국과 한국 사이의 우호 증진에 기여를 하였다. '코리아 소사이어티'는 창설자 밴 플리트 장군을 기리는 의미에서 1995년부터 한미관계의 우호증진에 특별히 기여한 사람에게 제임스 A. 밴 플리트 상(Van Fleet Award)을 수여하고 있다. 이는 외아들을 한국전쟁에서 잃고도 한국 사랑을 멈추지 않았던 장군의 마음과 그의 노블레스 오블리주를 기리기 위해서이다.

최근 2020년 8월에 그룹 방탄소년단이 '2020 밴 플리트 상'(2020 Van Fleet Award)을 수상했다. 방탄소년단은 음악과 메시지를 통해 전 세계적인 열풍을 불러오며, 특히 한·미 관계발전에 기여한 점을 인정받아 밴 플리트 상을 수상받게 된 것이다.

역대 밴 플리트 상 주요 수상자는 지미 카터 전 미국 대통령(2000년), 조지 W. 부시 41대 미국 대통령(2005년), 김대중 전 대통령(2007년), 헨리 키신저 전 미국 국무장관(2009년), 조지 W. 부시 43대 미국 대통령(2017년) 등이 있다.

미국과 중국의 최고 지도자들이 한국전에 아들을 참전시키는 마음과 그 아들을 잃고도 다른 사람을 생각하는 배려는 우리가 많이 배울 부분이다. 이념의 대립으로 빚은 한국전쟁에서 지도자의 리더십, 노블레스 오블리주 정신, 그리고 아들을 잃은 슬픔에 대한 눈물을 승화하는 그들의 마음을 생각해 보곤 한다. 그리곤 전쟁보다 평화가 그 어떤 이념보다 귀하다는 것을 이곳 김화에서 우뚝 솟은 북한의 오성산을 바라보며 새롭게 다짐해 본다.

한국의 오늘을 사는 우리는 과거에 미국과 중국 등 열강 속에 이리 비틀, 저리 비틀하며 미국, 중국, 북한 눈치를 볼 수밖에 없는 현대사를 경험했다. 그러나 앞으로 다가올 미래의 시대에는 우리 대한민국이 총성 없는 경제전쟁 속에서 누구도 함부로 넘볼 수 없는 경제적 위상을 세우고, 이념의 갈등을 뛰어넘어 협력적이고 자주적인 국가의 위상을 스스로 만들어야 한다고 본다. 자국의 이익만 추구하는 것이 아닌 다른 나라의 어려움을 상호 배려하는 '초협동 가치'로 승화시킬 때 우리에게 닥친 많은 어려움을 극복해 갈 수 있다. 이것은 곧 우리 김화농업협동조합도 같이 가야 하는 미래의 모습이라고 생각한다.

통문 소대장이 본 35년 전 김화의 오성산!

나는 35년 전 이곳 김화의 승리전망대 아래 삼천봉 GOP 철책에서 비무장지대(DMZ) 출입을 담당하는 통문 소대장으로 근무를 하였다. 정전협정에 따라, 군사분계선을 중심으로 북쪽으로 2㎞ 떨어진 곳에서 동서로 그은 선을 북방한계선, 남쪽으로 2㎞ 떨어진 지점은 남방한계선으로 부른다. 남·북방한계선 4㎞ 이내를 우리는 비무장지대(DMZ)라고 하고 유엔사가 관리·감독을 한다. 북방한계선과 남방한계선으로 155마일 감시 철책이 있는데 이곳이 바로 GOP(General Out Post) 선이다. 남북한 양측은 이 GOP 철책선을 따라 중간중간에 OP(Observation Post·전방관측소)를 두고 있다. 그리고 GOP를 통과해 최전방에 있는 감시초소가 GP(Guard Post)이다.

GOP는 남방한계선의 철책선을 감시하며 적의 기습을 대비하기 위하여 3중으로 철책이 쳐져 있고 비무장지대로 들어가기 위해서는 반드시 통문을 통과해야 했다. 우리 소대는 해발 500고지에 있고 통문은 350고지에 있어 수색 및 매복조 투입, 대북방송 요원, 부식 차량 출입 등 통문 출입통제를 위해 하루에도 몇 번씩 통문을 오르락내리락 하였다.

그리고 매일 철책을 순찰하며 북측의 도발이 있었는지를 확인했다. 현재는 우리 국군의 철책이 이미 상당 부분 디지털화가 진행되어 있다고 한다. 지금은 철조망 자리에 최첨단 '광망'으로 덮인 '스마트철책'이 설치되어 더는 장병들이 육안으로 철책 시설물을 점검할 필요가 없게 됐다. 그래서 철책선을 따라 병사가 경계근무를 나서는 모습도 찾아보기 힘들다.

당시 우리 소대 바로 왼편 10시 방향에는 북의 오성산(五聖山)이 거대하게 솟아 있어 나는 전방 상황을 브리핑할 때마다 오성산에 대해 설명하곤 했다. 오성산은 예로부터 소금강이라 불릴 정도로 웅장하고 기묘한 형상으로 본봉(1062m), 동봉(927m), 서봉(1050m), 남봉(781m), 북봉(920m) 등 다섯 봉우리가 있다. 한국전쟁 당시 김일성은 "오성산 만큼은 한국군 장교 군번 두 트럭을 갖고 와도 바꿀 수 없다. 오성산을 끝까지 사수하라"라고 강력히 지시했다는 이야기를 브리핑했던 기억이 난다. 그만큼 오성산은 전략적 중요한 요충지로 오성산을 뺏기게 되면 평양과 원산까지 위험해질 수 있기 때문이다.

그런데 퇴직 후 이곳 김화농협에 근무하게 되면서 다시금 매일 오성산을 보게 된 것이다. 내가 있는 김화농협 경제사업장에서 오성산이 불과 5km밖에 떨어져 있지 않아 출퇴근하면서 코앞에 있는 오성산을 볼

오성산과 모내기 끝난 후의 김화평야

수 있음에 감회가 늘 새롭다. 오성산 꼭대기의 안테나를 볼 때마다 다시 남북 교역이 재개되어 상호 인적 교류가 시행되고, 이곳 김화에 제3의 개성공단이 설립되어 남북한 농업협력을 할 수 있기를 소망하고 있다. 또한, 김화농협이 이념대립을 뛰어넘어 평화적 통일에 기여하는 건강한 조합이 되기를 손꼽아본다.

오성산 앞 '삼각고지 전투'와 '저격능선 전투'가 시작된 곳

미8군 사령관 밴 플리트 장군은 휴전회담을 유리한 국면으로 끌고 가기 위해 1952년 10월 14일 자로 '쇼다운(Showdown) 작전'을 제안하였다.

이 작전은 아군이 공격작전을 감행할 능력이 있다는 '힘의 과시'라는 의미에서 '쇼다운' 작전이라고 명명되었다. 당시 휴전회담은 전쟁포로 송환 문제로 결렬을 앞두고 있었는데 휴전회담이 지지부진해지자 UN군 총사령관 마크 클라크(Mark Wayne Clark) 장군은 밴 플리트의 '쇼다운(Showdown) 작전' 요청을 승인하게 된다. 목표 지점은 오성산 동남쪽의 '삼각고지'와 '저격능선'이라고 불리는 두 개의 봉우리였다. 왜냐하면 오성산은 높고 깊으면서 가파르게 치솟아 올라 공격하기가 매우 어려웠다. 오성산은 좌측이 급경사로 이루어져 공격하기 힘들어 우측의 저격능선, 삼각고지군을 통해서만 오성산을 공격할 수 있기 때문이다.

철원 오성산(五聖山 1,062m) 앞 삼각고지 위 북동쪽에는 '상감령' 고개가 있고 샌디능선 아래로 '하감령' 고개가 있다. 상감령과 하감령 사이에 해발 598m의 삼각고지가 있고 삼각고지에서 동쪽으로 남북 방향의 산줄기가 바로 해발 538m의 '저격능선 고지'이다.

해발 598m인 삼각고지를 중심으로 북동쪽에는 1950년대 미국의 육체파 여배우인 제인 러셀(Jane Russell)의 가슴을 닮았다고 해서 이름이 붙여진 '제인러셀 고지'가 있다. 그리고 북서쪽에는 '파이크스봉(Pikes Peak)' 남동쪽에는 '샌디능선(Sandy Ridge)'이 있다. 파이크스봉, 제인러셀 고지, 삼각고지를 합해 '삼각고지군'이라고 한다.

'저격능선'은 바로 이 삼각고지 군 동쪽에 자리 잡은 해발 538m의 북에서 남으로 즉 김화 쪽으로 뻗어내린 돌출 능선이다. 이것은 근동면 하소리에 위치한 매봉 위쪽의 'A고지'와 그 오른쪽의 '돌바위 고지', 그리고 북쪽의 'Y고지' 등으로 이루어져 있다.

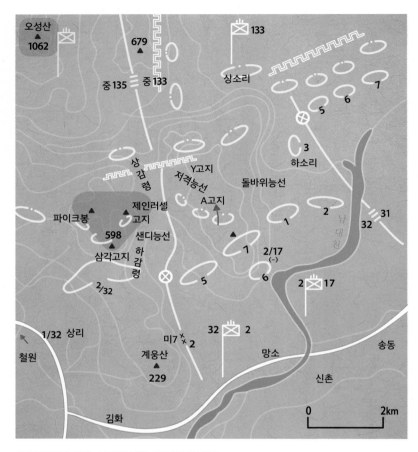

오성산
▲
1062

679
▲

133

중135　중133

상소리

7

6

5

3

하소리

Y고지
저격능선

돌바위능선

상감령

제인러셀
고지

A고지

파이크봉
▲

2

31

598
▲

샌디능선
삼각고지
▲

1

32

하감령

7

1

2/17
(-)

5

6

2

17

2/32

1/32 상리

32

2

미7 × 2

철원

계웅산
▲
229

망소

송동

김화

신촌

0　　　　2km

삼각고지군과 저격능선 전투 지도. 인터넷 지도 참조

　'저격능선'은 오성산 정상에 위치한 중국인민지원군이 미군을 저격하기 딱 좋은 능선이라 해서 붙여진 이름으로 미국에서는 '스나이퍼 리지(Sniper Ridge)'라고 부른다. 능선의 크기는 약 1㎢로, 규모가 작아 능선 위에서 소대 단위의 기동이 가능하여 혈전을 벌이기에 충분한 곳이다.

　중국인민지원군 사령관 펑더화이(彭德懷)는 한반도 지도를 펴놓고 중공군 15군 사령관 친지웨이(秦基偉)에게 "누구든 오성산을 잃어버리면 조선의 역사에 책임져야 한다"라는 엄명을 내렸다. 펑더화이가 친지웨이에게 "조선의 역사" 운운한 것은 오성산의 전략적 위치 때문이다. 펑더화이는 "오성산은 조선 중부 전선의 문호로, 만약 오성산을 잃게 되면 유엔군은 높은 지형에서 아래를 바라보게 되어 인민지원군이 평강 평원에서 버티기 힘들고 200㎞를 후퇴해도 방어할 만한 요새도 없다"라고 했다.

마찬가지로 아군입장에서도 '삼각고지'나 '저격능선 고지'는 적의 주거점인 오성산을 점령하기 위해 꼭 필요한 중요 접근로 상의 요충지였다. 드디어 '쇼다운 공격'이라고 불리는 작전이 개시되어 미 7사단은 삼각고지를 목표로 공격하였고, 국군 2사단은 저격능선을 목표로 공격을 하였다.

그런데 '저격능선 전투'가 시작되기 전 이미 철원의 '백마고지 전투'가 1952년 10월 6일부터 15일까지 10일간 시작되었다. 아군은 12차례의 전투로 고지 점령과 탈환을 24회나 번복한 끝에 겨우 백마고지를 사수할 수 있었다. 그 반면에 '저격능선 전투'와 '삼각고지 전투'는 10월 14일 시작되어 11월 24일까지 42일간 장기간 계속되었다.

우리는 '저격능선 전투'와 '백마고지 전투'를 치른 이곳 철원과 김화를 가리켜 한국전쟁의 2대 격전지로 평가를 하고 있다. 그러나 '저격능선 전투'나 '삼각고지 전투'가 '백마고지 전투'보다 기억 속에 없는 것은 휴전할 때 우리 땅으로 완전히 확보하지 못했기 때문이다.

즉 '저격능선 전투'에서 저격능선의 A고지와 돌바위 능선은 우리 군이 점령했지만 Y고지는 중국인민지원군이 점령한 상태로 종결되었다. 그러나 1953년 7월 26일 "정전협정 체결" 하루 전날 밤 중국인민지원군의 기습 공격을 받고 저격능선 고지를 빼앗긴 채 정전협정이 체결되었다. 따라서 지금은 북방한계선 바로 이북 지역에 위치하다보니 우리 전투 전적지를 찾아볼 수 없고 백마고지 전투보다 기억 속에서 사라져 버린 것이다. 그런데 중국은 상감령전역으로 포장하여 상감령정신을 외치고 있으니 우리도 이제는 '저격능선 전투'를 제대로 평가하고 그 의미를 되새겨야 한다.

'삼각고지 전투'와 '저격능선 전투' 개시

중국에서 쓰는 '전역(戰役)'이란 말은 '전투(戰鬪)'보다 크고 '전쟁(戰爭)'보다는 작은 개념으로 중국은 이른바 우리의 '삼각고지 전투'와 '저격능선 전투'를 합쳐 '상감령 전역'이라고 부른다. 북한과 중국은 '상감령전역(上甘嶺戰役)'을 6·25전쟁 중 가장 주요한 전투로 인식하고 있는데 반해 우리나라는 '삼각고지 전투'와 '저격능선 전투'에 대해 많은 사람이 알지 못하고 있다.

이 전투는 크게 3단계의 과정으로 나눌 수 있다.

제1단계는 1952년 10월 14일부터 국군 2사단과 미 7사단이 저격능선과 삼각고지를 공격하면서부터 미 7사단이 삼각고지에서 철수하게 된 10월 25일까지다. 1952년 10월 14일, 미 제8군은 '저격능선 고지'를 탈환하기 위한 「쇼다운 공격작전」을 계획했고 이들의 작전에 따라 국군 제2

사단은 중공군 측의 전초인 저격능선을 공격하기 시작했다.

작전 첫날, 최초 공격에 나섰던 국군 제2사단 제32연대 제3대대는 오전 5시 정각에 포병의 5만 발에 다다른 화력지원을 받아 공격을 개시하였고, 마침내 저격능선을 빼앗았다. 하지만, 뒤이어 중국인민지원군 제15군 제45단 제133연대의 역습이 시작되었고 우리 국군은 저격능선을 점령한 지 약 5시간 만에 다시 빼앗기고 말았다. 아군은 또다시 저격능선 탈환을 위해 국군 제17연대 제2대대로 하여금 주간에 공격하여 저격능선을 탈환하여 병력 그대로 밀집 방어를 하는 데 성공하였다.

그러나 중국인민지원군의 계속되는 공격으로 접전이 12일간 하루도 빠짐없이 비슷한 양상의 공방전으로 계속되었다. 그러던 10월 25일, 미 제7사단은 국군에게 삼각고지의 미군 작전지역을 인수하라는 작전 지

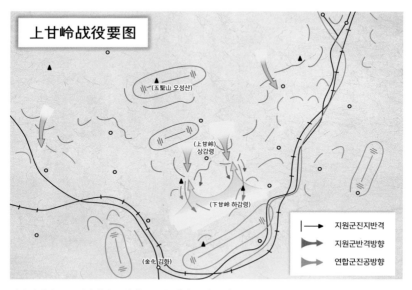

상감령전역 중국인민지원군 배치도(중국 바이두 지도 참조)

시를 내렸고 국군 제2사단은 그에 따른 인수작전을 수행하였다.

2단계는 국군 2사단이 삼각고지를 인수 하여 양 고지에서 전투를 수행한 10월 25일부터 11월 5일까지이다. 국군 제2사단은 저격능선 작전은 물론 삼각고지의 공격까지 가중한 임무로 결국 중국인민지원군의 대규모 공격을 받고 삼각고지를 상실하게 된다. 계웅산으로 철수한 뒤 삼각고지 탈환을 시도하였으나 결국 실패하고 11월 5일 미제9군단장의 삼각고지 포기 명령에 따라 공격작전을 중지하게 되었다.

3단계는 '저격능선 전투'가 종료되는 11월 24일까지다.

국군이 우세를 보였음에도 중국인민지원군은 끈질긴 반격을 계속해 왔다. 11월 11일부터 1주일 동안에는 저격능선의 A고지를 세 차례나 뺏고 빼앗기는 등 치열한 공방전을 반복하였고 끝내 11월 18일, 우리 국군이 A고지와 돌바위고지를 확보하는 데 성공하였다. 중국인민지원군은 우리 국군에게 빼앗긴 고지를 되찾기 위해 끊임없이 공격했지만, 능선의 지형지물을 이용한 국군의 방어를 꺾지 못하고 끝내 11월 24일을 끝으로 공격을 중지하였다.

국군 제2사단이 '저격능선 전투'에서 승리함으로써 국군과 유엔군은 유리한 전초기지를 확보하였을 뿐 아니라 공산군의 기세를 꺾음으로써 전 전선에 걸쳐 작전의 주도권을 회복할 수 있었다. 또한 이 전투는 유엔군 측이 휴전회담을 정치적으로 유리하게 이끌어 나가는 데 크게 기여하였다. 그러나 중국과 북한은 이 전투에서 조선 전쟁에서 최대의 승리를 거둔 곳으로 이야기하고 있다.

42일간 폭격으로 바뀐 지형

국군의 공격으로부터 2개 연대의 병력을 잃고 만 중국 인민지원군은 오성산 북쪽으로 철수하는 등의 방어태세를 보임으로써 '저격능선 전투'는 종결짓게 되었고 '백마고지 전투'와 함께 2대 격전으로 불리는 전투로 남게 되었다.

한국군 역시 1개 연대 병력의 사상자가 나왔지만, 중국군으로부터의 승리를 얻어내어 철원-평강-김화를 잇는 철의 삼각지대를 확보하였다. 이것은 후에 군사분계선 설정 시 유리한 지형을 차지할 수 있는 상황을 만들었는데 목숨 건 42일간의 처절한 쟁탈전 노력이 빛을 발휘하는 순간이었다.

중국군 자료에 따르면 유엔군은 3개 사단이 넘는 6만 병력과 300여 문 화포, 200여 대의 탱크, 3,000여 대의 항공기를 투입했고, 포탄 190만 발, 폭탄 5,000여 발을 쏟아부었다고 한다. 중국군 역시 3개 사단 4만 3천여 명의 병력이 산포와 야포, 유탄포 133문, 로켓포 24문, 고사포 47문, 박격포 292문이 35만 발의 포탄을 발사했다.

이 전투로 상감령 산봉우리는 2m나 낮아졌고, 융단폭격으로 1m가 넘는 흙먼지가 쌓였다고 한다. 전투 결과 한국군 자료로는 2만 명(중국군 1만4,815명, 유엔군 4,683명), 유엔군 자료로는 2만8000명(중국군 1만9000명, 유엔군 9,000명), 중국군 자료로는 3만7000여 명(중국군 1만1529명, 유엔군 2만5498명) 등이 사망을 하였다고 한다.

아군의 전쟁사(戰爭史)에서도 "심지어 백마고지 전투에서도 이렇게 많은 사상자가 발생하지 않았으며, 단일 어떤 전투에서도 이렇게 많은 인명 피해가 일어나지 않았다"라고 한다.

이 치열한 전투의 승리자는 어느 편이었을까. 이 42일간의 치열한 고지 쟁탈전은 결국 어느 편에도 일방적인 승리를 안겨주지 못했지만, 우리 전쟁사(戰爭史)사는 이 전투를 한국군의 승리로 기록하고 있다. 반면에 국방부 전사편찬위원회가 낸 〈한국전쟁사：유엔군 참전편-제11권〉에서는 "유엔군 작전은 겨우 저격능선 일각만 확보하는 데 그치고만 실패한 작전"이라고 단정했다. 한마디로 말하면 유엔군의 작전 실패였다는 것이다. 40일이 넘는 작전결과 유엔군은 목표인 삼각고지를 빼앗는 데 실패하고, 저격능선의 일부인 'A고지'와 '돌바위 고지'를 점령하는 것으로 만족해야 했다.

그런데 놀랍게도 '삼각고지 전투'와 '저격능선 전투'에서 실패 요인은 사실상 따로 있었다. 중국군과 북한군이 1년 가까이 오성산 일대의 고지에 구축해 놓은 바로 지하갱도 때문이었다. 중국인민지원군 친지웨이 15 군사령관은 한·미연합군을 주축으로 한 UN군의 막강 화력에 맞서 지하갱도를 파고 진지를 사수하는 갱도 전법을 택했다. 오성산은 일제 강점기 아연광산들이 많이 남아있었는데 중공군은 '지하장성(地下長城)'으로 불린 이 오성산의 갱도를 활용하여 미군의 폭격에도 잘 버텨낸 것이다.

경향신문 이기환 기자의 '비무장지대의 지하 만리장성이 있다.'는 기사 내용에 따르면 당시 중국인민지원군 제45사단은 투항한 한국군으로부터 유엔군의 공격 첩보를 입수한 후 화력의 열세를 극복하려고 고지의 후사면을 이용, 땅굴과 참호를 파고 전 병력을 수용할 수 있는 지하요새를 구축한 것이다. 오성산 일대에 총연장 8.8㎞의 갱도 306개와 엄개참호 160개, 교통호 53㎞, 그리고 대전차호 4개를 구축했다. 게다가 참호

2400개와 노루방책 2.6㎞, 철조망 2.3㎞, 동굴 양식 창고 61개, 동굴 탄약창고 65개, 갱도와 연결된 엄폐식 취사장 140개, 각급 지휘소 및 관측소 204개를 건설했다.

특히 저격능선 상·하단을 수직으로 연결하는 폭 2m, 깊이 1.5m의 교통호를 20m 간격으로 뚫었다. 그리고 미군의 폭격과 포격에도 견딜 수 있도록 8부 능선 좌우로 연결된 교통호를 따라, 8~10m 간격으로 엄체호를 구축했다. 그뿐만 아니라 능선 북단에 100~150명을 수용하는 대피호를 쌓기도 했다.

이 지하갱도를 중국은 '지하 만리장성'이라 했다. 지하갱도의 위력은 엄청났다. 오죽하면 미군 군사전문가들은 "설령 원자폭탄을 사용했다 해도 저격능선과 오성산의 중국인민지원군부대를 모두 소탕하는 것은 불가능했을 것"〈중국군의 한국전쟁사 3〉이라고 했다.

중국의 표현대로 '난공불락의 지하만리장성'을 건설한 것이다. 중국은 이 지하만리장성이 가장 위력을 발휘한 전투가 바로 '상감령전역(上甘嶺戰役)'이었다고 자랑하고 있다. 즉 중국의 23개 갱도방어 부대가 20일간 158차례에 걸친 습격으로 적 사살 2000명, 중기관총 24정 노획, 7개 분소대진지 탈환 등의 전과를 올렸고 597고지(삼각고지)의 제1 갱도를 방어하던 장타오팡(張桃芳) 저격수가 436발의 총탄으로 미군, 한국군 214명을 사살했다고 자랑하고 있다. 이 장타오팡을 그린 영화 「저격수(Sniper)」를 중국의 영화감독 장이머우(張藝謨)가 중국의 2021년 국경절을 겨냥해 한창 촬영 중에 있다.

그뿐만 아니라 갱도를 핵심으로 견고한 방어전략을 펼쳐 1만 1000여

명의 희생으로 유엔군 2만 5000여 명을 살상시켰고, 항공기 274대를 격추시켰다며 선전하고 있다.

중국군이 수행한 이 지하 만리장성의 개념은 전쟁 후 북한군에게 고스란히 전수됐고, 이후 북한군 전투 교리에 많은 영향을 주었다. 그 결과 북한군 역시 이 갱도 작전을 중요하게 여기고 있고, 남한을 공포로 몰아넣은 땅굴 작전 역시 이 갱도 작전의 하나이다.

중국과 북한은 이렇게 오성산에 지하만리장성을 구축한 '상감령전역'에 대해 "상감령 전역은 전쟁 막바지 대공세였던 금성 전역(전투)과 함께 중국인민지원군이 조선 전쟁에서 거둔 최대의 승리였다"라고 자화자찬하고 있다.

항미원조전쟁(抗美援朝戰爭)과 오성산 상감령 전역(上甘嶺戰役)

미군 폭격에 의해 끊어진 압록강 다리(斷橋)를 관광하려면 반드시 중국 단동(丹東)에 있는 항미원조기념관을 지나가야만 한다. 이곳 기념관에는 마오쩌둥(毛澤東)과 펑더화이(彭德懷)가 악수하는 동상이 있는데 뒤쪽 배경에는 『항미원조 보가위국(抗美援朝 保家衛國)』이라는 구절이 쓰여 있다. 즉 "미국과 싸워 북한을 돕고, 가정을 지키고 국가를 보위하자"라는 구호이다. 중국은 한국전쟁을 '항미원조전쟁(抗美援朝戰爭)'이라고 부르는데 이것은 '미제의 침략에 맞서서 조선을 도와준 정의로운 전쟁'이라는 뜻이다.

한국전쟁 발발 후 김일성은 중국의 마오쩌둥을 찾아가 한국전쟁 참전을 요청했다. 마오쩌둥(毛澤東)과 저우언라이(周恩來) 등은 '순망치한(脣亡齒寒) 호파당위(戶破堂危)'의 고사를 인용했다. '입술(북한)이 없어지면 이(중국)가 시리고 집의 현관문(북한)이 깨지면 집 안채(중국)가 위험하다'는 것이었다.

마오쩌둥은 국공내전과 항일전쟁 등 어렵고 힘든 싸움을 마치고 마침내 1949년 10월 1일 중화인민공화국을 탄생시켰다. 그러나 1950년 6월 김일성의 전쟁 도움 요청에 중국으로서는 9개월 만에 벌어진 한국전쟁에 사실상 참전할 여력은 없었다. 내전과 항일전을 치른 신생국으로써 경제 살리기에도 바빴기 때문이었다. 국민총생산은 불과 미국의 1/5수준이었고, 철강생산량은 144분의 1로 매우 열악한 수준이었다.

그러나 마오쩌둥은 참전에 대한 회의를 개최했지만, 그 속마음은 이미 참전토록 결정을 하고 있었다. 중국의 제2인자인 조우언라이(周恩來)가 "미국이 북한을 무너뜨리면 중국의 동북부도 안전할 수 없다"라는 발언에 마오쩌둥은 항미원조 파병을 결정한 것이다.

지난 2013년 6월 중국중앙방송(CCTV) 등 중국 관영 언론은 김정은의 오성산 북측 최전방 초소 방문을 크게 보도했다. 당시 북한 지휘관들은 "적진까지 거리가 350m밖에 되지 않는 위험천만한 곳이기 때문에 절대 그곳에만은 나갈 수 없다"라고 말렸지만, 김정은은 "병사들을 만나지 않으면 발길이 떨어질 것 같지 않다"라고 말하며 까칠봉 GP를 방문했다. 그런데 이러한 김정은의 오성산 방문장면을 CCTV가 주목한 까닭은 중국에서는 오성산을 6·25전쟁의 '성지(聖地)'로 꼽는 '상감령전역(上甘嶺戰役)' 현장이기 때문이다.

북한은 '상감령전역(上甘嶺戰役)'에서 UN군의 북진을 막고 오성산을 지켜 낸 중국 인민지원군에 대해 특별한 감사를 느끼고 있다. 그래서 북한은 '상감령(上甘嶺)'이란 담배브랜드까지 만들어 중국으로 수출을 하고 있다. 북한은 '상감령(上甘嶺)' 담배로 외화벌이도 하면서 중국에 늘 '상감령(上甘嶺)'을 기념하고 있다는 제스처를 하고 있는 것이다. 이렇게 북한과 중국은 '상감령전역(上甘嶺戰役)'을 6·25전쟁 중 가장 주요한 전투로 꼽는다.

미국은 6·25의 가장 '결정적 한판'으로 '인천상륙작전'과 '장진호 전투'를 꼽고 한국은 '백마고지 전투'와 '다부동 전투'를 보는데 중국과 북한은 '상감령전역(上甘嶺戰役)'을 결정적 한판으로 보는 것이다. 중국과 북한 관점에서 미군의 대대적인 공격에 맞서 오성산 상감령을 의지와 끈기로 버텨내 결국 오성산을 지키고, 북한을 지켜 내는 데 성공하였다고 자부하고 있기 때문이다.

한국에서 '저격능선 전투'는 1952년 10월 14일부터 11월 24일까지 42일간 국군 제2사단이 중국인민지원군 15군과 치열한 격전 끝에 아군이 승리한 전투이다. 그런데 중국과 북한은 같은 전투를 놓고 중국이 승리한 전투라고 한다. 결국, 한국과 중국 양측이 모두 승리한 전투로 보는 것이다. 과연 양측에서 서로 승리했다고 주장하는 이 전투는 어떤 전쟁의 역사가 존재했던 것일까?

오규열 전 군사편찬연구소 선임연구원(서울디지털대 중국학과 교수)은 「중공군의 상감령 전투에 대한 재평가」란 논문을 통해 "중국은 미 제7사단이 삼각고지를 공격한 시점부터 시작하여 한국군이 삼각고지를 포기하기까지, 모든 '삼각고지 전투'와 '저격능선 전투'를 전체적으로 함께 '상감령 전투'라 칭하고 이를 분석하였기 때문에 평가가 차이 날 수밖에 없다"라고 지적했다.

1951년 7월부터 휴전회담이 시작되면서 남과 북, 쌍방은 사실상 조금이라도 더 많은 면적을 확보하기 위한 '땅따먹기 싸움'에 돌입하였다. 중부 전선의 한가운데 있는 오성산은 양측의 가장 치열한 '땅따먹기 싸움'의 현장이었다.

미·중 무역 전쟁과 '상감령 정신' 그리고 김화의 선택!

중국에서 '상감령'은 항미원조의 상징이다. 중국인에게는 교과서나 영화를 통해 북경, 상해 다음으로 모두가 알고 있는 유명한 지명이 '상감령'이다. 오죽하면 베이징 천안문 광장에 있는 국가박물관에 '부흥의 길(復興之路)' 전시관에 상감령에서 떠온 탄피가 있는 적갈색 흙이 보관 전시되고 있다.

"중국 전사들은 1952년 10월 김화 총공세에 맞서 탄약과 식수까지 떨어진 악조건에서 맨몸으로 적을 싸워 물리쳤다. 영웅이여 전진하라!, 오성홍기를 꼽고 진지를 해방시키자.(英雄前進 將紅旗插到 解放的陣地上)"라는 구호 선전 문구 아래에 탄피로 가득 채워진 상감령 흙이 전시되고 있다. 결국 그들에게는 '상감령'은 '항미원조(抗美援朝)전쟁' 중 최대 승전 전역인 것이다.

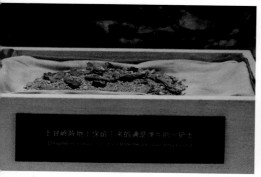

중국 국가박물관 부흥의 길 전시관 내 상감령 흙과 탄피

중국은 2020년 10월 23일 「항미원조 70주년 기념식(紀念中國人民志願軍抗美援朝出國作戰70周年大會)」에서 시진핑 중국 공산당 총서기는 중국의 한국전쟁 참전에 대해 "제국주의 침략에 맞서기 위한 항미원조와 국가 보위라는 역사적 결정"이라고 평가했다. 그리고 70주년을 맞이하여 "항미원조의 승리는 중화민족과 인류 역사에 영원히 기록되고 인류의 평화, 발전, 진보의 역사에도 영원히 기록될 것"이라고 밝혔다. 또한 '항미원조 전쟁의' 승리는 '정의의 승리, 평화의 승리, 인민의 승리'라고 말했다. 즉 중국의 입장에서는 '항미원조 전쟁'은 제국주의 침략에 맞선 정의로운 전쟁인 것이다.

이러한 시진핑 주석의 발언은 미·중 패권전쟁과 관련하여 미국이 무리하게 국제규범을 깨고 싸움을 걸어와 일방적으로 중국을 괴롭히고 있기에 70년 전의 항미원조처럼 '정의'로운 투쟁으로 해석을 하고 있는 것이다.

시주석의 발언에 따라 미·중 패권전쟁에서 각 기업들은 일사불란하게 움직인다. 전임 미국 대통령이었던 트럼프는 미국과 중국의 무역전쟁에서 선쩐(深圳)의 중국 통신장비업체 화웨이(華爲 Huawei)를 압박했는데, 화웨이 회장 런정페이(任正非)는 중국 국영방송 CCTV의 대담프로그램에서 다음과 같이 이야기를 했다.

“내년에 우수 인재들이 배출되면 우리는 총검을 들고 백병전을 벌여야 한다. 지금은 미국에 맞아 떠밀려 내려갈 수도 있지만, 다시 일어나 ‘상감령(上甘領)고지를 기어올라 정상에 설 것이다.’ (5월 26일 CCTV 대담)

런정페이(任正非)는 한국전쟁에서 김화지역의 오성산 앞 ‘상감령 전투’를 소재로 한 선전 영화에 나오는 백병전 장면을 떠올리게 하는 발언을 한 것이다. 즉 중국 화웨이 회장 런정페이는 시시때때로 항상 “상감령 정신”을 바탕으로 미국을 쫓아가자고 강조하고 있다.

이렇게 중국인들이 자랑스럽게 여기는 ‘상감령 정신’은 “어려움을 극복하고 조국과 인민의 승리를 위해 봉헌하는 불요불굴의 의지, 그리고 일치단결로 용감하고 완강하게 전투에 임해 끝까지 승리를 쟁취하겠다”라는 정신을 뜻한다. 중국에서 “상감령”은 미국과의 전투에서 승리의 상징이다. 즉 상감령 정신은 위기 돌파의 집념이요 상징인 것이다.

그뿐만 아니라 중국의 대표적 관영매체인 환구시보(環球時報) 총편집인 후시진(胡錫進)은 ‘상감령 정신’을 다음과 같이 강조한다. “미국은 지구전을 가장 두려워한다. 조선 전쟁(6·25 한국전쟁) 3년 중 2년은 싸우면서 담판을 했다. 담판 테이블에서 미국의 고개를 떨구게 한 건 끝까지 버티는 정신이었다. 지금이 바로 ‘상감령 정신’을 발휘할 때이다.”라고 썼다. 그리고 "갈수록 격렬해지는 미·중 무역 전쟁이 우리에게 조선 전쟁을 떠올리게 한다"라며 "우리는 지금 '상감령 전투' 정신으로 떨쳐 일어나 오늘날의 '상감령 전투'에서 새길을 열어야 한다"라고 선동하고 나섰다. 중국 공산당과 언론, 기업이 모두 상감령 정신을 강조하고 미·중 패권전쟁에 기선을 잡으려 하는 것이다.

미·중 무역분쟁이 격화될수록 중국인은 '상감령 정신'으로 무장하여 나가도록 전 국민에게 홍보하고 있다. 왜 미·중 무역분쟁에서 중국은 상감령전역을 다시 이야기하고 있는지, 우리 한국의 선택은 어떻게 해야 하는지 고민하게 한다.

중국의 입장에서는 한국전쟁 역사에 대한 평가가 70년이 지난 시점에도 전혀 변하지 않고 있다. 중국에서 '상감령'은 역사의 무게이며 북·중 결속의 원동력이고 미·중무역 전쟁에서 승리하기 위한 정신이 되고 있다. 반면 한국은 한·미동맹과 UN 참전국의 기억이 처음보다는 다소 소홀해졌다. 중국은 한국을 얕잡아보고 북한은 한국을 무시한다. 새로 미국 대통령이 된 조 바이든은 다시 미국과 한국의 동맹 강화를 요구한다. '안보는 미국, 경제는 중국'의 시대라 말하는 지금도 오성산 상감령의 망령이 우리 주위를 떠도는 한 우리는 스스로 주권국이 되지 못한다.

코로나19의 무증상 환자가 옆에 지나가듯이, 중국의 입장이 우리 세대들에게 자연스럽게 익숙해지는 개념처럼 확산되지 말아야 한다. 한국전쟁 발발 원인이 한국에 있다는 주장이 아직도 북한과 중국에 돌고 있으니 국민이 깨어있지 않으면 또 다른 형태의 한국전쟁이 계속 발발 할 수 있다. 우리도 중국과 북한의 오성산에서의 '상감령 정신'을 뛰어넘는 인류 평화와 상생의 가치관을 가져야 한다. 즉 그들의 프레임에 갇힌 이념을 넘고 항구적 '초협동 정신'을 마음에 다지고 승화시켜 나아가야 할 때이다. 정신적인 가치관과 자세에서 그들에게 밀리면 안 되는 것이다.

나는 오성산을 바라볼 때마다 오성산 앞 상감령에 처했던 병사들을 생각해 본다. 우리의 국군, 미군 등 UN군 그리고 북한군, 중국인민지원군 등 한 지역의 고지를 탈환하기 위하여 이렇게 많은 나라 젊은이들이 과연 누구를 위해 전쟁을 했는가? 지금도 휴전선은 적막 가운데 저녁이 되면 철책 조명이 켜진다. 가끔 병사들이 야간 사격 훈련을 하면 귀가 멍해진다. 다시는 한국전쟁 같은 민족 간 전쟁이 일어나서는 안된다고 되새기며, 이러한 역사 속 기억에서 우리의 지혜와 기회는 무엇인지 조용히 생각해야 할 때다.

철원군은 김화 생창리의 계웅산, 성재산 일대를 도립공원으로 지정하여 관광지로 개발할 예정이다. 이곳 생창리 성재산에서 오성산을 보면서 중국인이 가장 좋아하는 상감령을 볼 수 있도록 추진하고 있다. 이곳이 도립공원이 되어 국내 DMZ 생태관광뿐 아니라 중국인 관광객을 유치하여 지역경제를 활성화하는 것은 좋은 일이다.

그러나 중국인에게 상감령을 보여 주어 외화 관광수입을 증대하는 것도 좋지만, 미국과 중국을 뛰어넘어 전 세계 젊은이들이 피 흘린 이곳 김화에 이념과 인종과 국가를 초월한 범인류의 평화 정신을 당당히 펼치는 것 또한 이곳 김화에 사는 분들이 꼭 해야 하는 것으로 생각한다. 뒷부분에 언급하겠지만 도립공원과 더불어 초협동의 세계평화치유센터가 만들어져서 이러한 정신을 기념하고 실천해야 한다고 본다.

상감령(上甘嶺) 영화의 주제곡 「나의 조국(我的祖國)」

북한에서는 상감령 담배가 나왔지만, 중국에서는 1956년 '상감령 전투'를 그린 흑백영화 「상감령(上甘嶺)」을 만들었다. 이 영화의 주제곡이 '나의 조국(我的祖國)'이다. 2008년 베이징 올림픽 개막식 때 울려 퍼진 곡이 바로 상감령의 주제가인 '나의 조국'이었다.

이처럼 중국에서 1956년 개봉한 '상감령 전투' 영화에 삽입곡 '나의 조국'(我的祖國)은 각종 행사나 무대에서 불리면서 중국인들이 상감령을 떠오르면 당연히 나오는 국민 노래가 되었다.

시진핑 주석의 부인 펑리위안(彭麗媛) 여사도 2010년 10월 21일 북한 동평양대극장에서 열린 중국 인민지원군 6·25전쟁 참전 기념행사에 참여해 군복을 입고 '나의 조국'을 불렀다. 이 자리에는 김정은 노동당 제1비서도 아버지 김정일과 함께 참석했다.

그런데 지난 2011년 후진타오 당시 중국 국가주석의 미국 방문 때 만주족 피아니스트 랑랑(郎朗)이 백악관에서 '나의 조국(我的祖國)'이란 곡을 연주하였다. 이 나의 조국 가사 가운데 미군을 '승냥이와 이리떼'로 비하한 부분이 있다. 이 노래후렴에 나오는 "승냥이와 이리가 오면 엽총으로 영접하겠다. (若是那豺狼来了, 迎接它的有猎枪.)"라는 가사이다. 백악관에서 미국 오바마 대통령

중국 영화 상감령 포스터

은 승냥이와 이리떼로 비유되는 '나의 조국'이란 연주를 들으며 그 뜻을 알았을까? 아마 노회한 중국외교에 속절없이 당한 기분이었을 것이다.

이렇게 중국은 나의 조국을 부르며 '상감령 정신'을 고취하여 미국과 무역전쟁, 경제전쟁, 디지털 전쟁에서 승리하겠다고 국민을 이끌고 있다. 이제 중국은 항미원조전쟁의 테두리 즉 '미제의 침략에 맞서서 조선을 도와준 정의로운 전쟁'의 프레임에서 벗어나야 한다. 특히 '상감령 정신'을 뛰어넘고, '상감령 정신'을 극복해야 진정한 세계 G2로 비약할 수 있다. 매번 상감령 정신으로 되돌아가서는 중국의 미래가 어둡게 비친다.

다음은 영화 '상감령' 주제곡 '나의 조국' 가사인데 그 내용이 상당히 중국 중심의 입장만을 표현한 것이라 우리가 보는 관점에서는 이해할 수 없는 면들이 많이 있다. 그러나 역사의 한 흔적으로서 보는 것도 의미가 있어 아래에 실어보았다.

영화 상감령의 주제곡 「나의조국」

작사 챠오위(乔羽), 작곡 리우즈(刘炽), 노래 궈란잉(郭兰英)

我的祖國

一条大河波浪宽 风吹稻花香两岸

한줄기 강물에 물결이 세차게 일고,

바람이 벼꽃에 불어 양쪽 언덕에 향기 가득하네.

我家就在岸上住 听惯了艄公的号子

나의 집은 그곳 강가 언덕에 있고, 언제나 뱃사공 노래소리 들리고

看惯了船上的白帆

언제나 돛단배 흰 깃발 나부끼네.

这是美丽的祖国 是我生长的地方

이곳이 아름다운 조국 내가 성장한 나라이네.

在这片辽阔的土地上 到处都有明媚的风光

광활한 땅! 어디에든 찬란한 풍광이 있네.

姑娘好象花儿一样 小伙儿心胸多宽广

아가씨가 꽃처럼 아름답고 아이들의 마음이 너그럽구나.

为了开辟新天地 唤醒了沉睡的高山

새로운 천지를 만들고 높은 산의 침묵을 깨우자.

让那河流改变了模样
이 강물이 크게 변하여 흐르듯

这是英雄的祖国 是我生长的地方
이곳은 영웅의 조국, 내가 생장한 곳이네.

在这片古老的土地上 到处都有青春的力量
이곳은 오래된 땅으로 모두 청춘의 역량이 있는 곳
好山好水好地方 条条大路都宽敞
아름다운 산, 아름다운 강이 모두 큰 대로로 향하여 흐르네

朋友来了有好酒
친구들이 좋은 술을 가지고 오네.

若是那豺狼来了 迎接它的有猎枪
만약 승냥이와 이리가 오면 엽총으로 그들을 영접하겠네.

这是强大的祖国 是我生长的地方
강한 조국. 내가 성장한 곳

在这片温暖的土地上 到处都有和平的阳光
이곳은 따뜻한 땅, 모두 평화로운 빛이 비추는 곳이네.

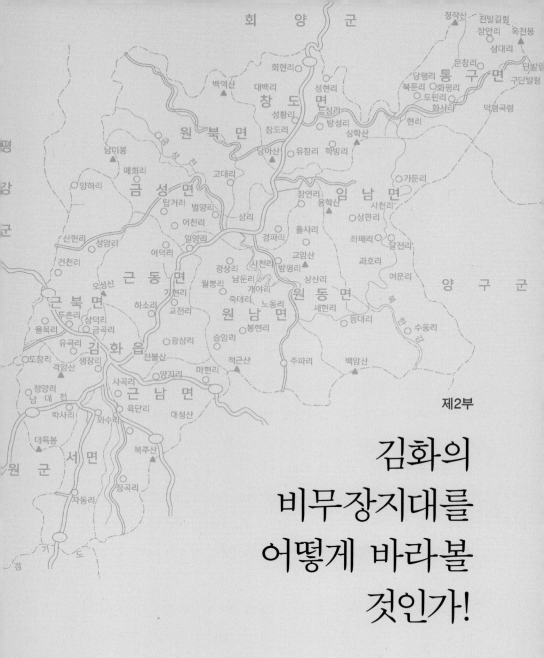

제2부

김화의
비무장지대를
어떻게 바라볼
것인가!

1.

정전협정과
비무장 지대(DMZ)의 의미는?

철원 김화의 위도는 38.26도로 1945년 해방 후 남북이 38선으로 분단이 되면서 철원과 김화는 북한의 체제에 있었다. 그래서 김화의 행정 관할 체제를 시기별로 보면 ①일제시대 금화(金化), ②해방 후 북한 치하, ③한국전쟁 국군 수복 후 남한 관할, ④1·4 후퇴 때 북한 관할, ⑤휴전으로 남·북한으로 분단되어 북한의 김화군과 남한의 김화군으로 나누어짐 ⑥1963년 김화군은 철원군으로 편입되었다. 이렇게 시대별로 뒤바뀐 남과 북의 정치 체제에 따라 김화의 사람들은 혼란스러운 삶의 여정을 보내야 했다.

1950년 6월 25일 북한이 남한을 침공하면서 한국전쟁이 발발하고 이어 인천상륙작전을 통해 UN군이 참전하게 되었다. 여기에 중국인민지원군도 참전을 하면서 전쟁은 남과 북의 싸움이 아니라 UN군, 중국인민지원군 등 세계의 젊은이들이 와서 싸우는 다국적군의 전쟁이 되면서

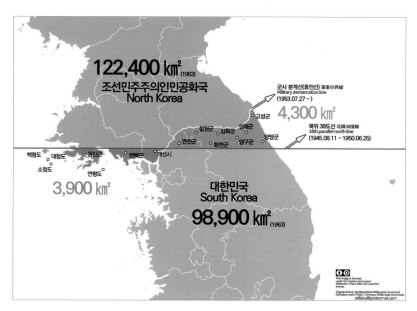

북위 38도선과 휴전 후 군사분계선 (인터넷 나무위키)

서서히 교착상태에 빠지게 되었다.

그러자 유엔군 측은 미국과 영국 사이에서 평화적 협정에 대한 합의를 이루어 1950년 12월 14일, 유엔은 한국에서 정전을 위한 총회결의를 했고 이를 위해 중국과 협상을 시작했다. 그러나 공산당 측의 반대로 유엔총회에서 결실을 얻지 못했다. 중국과의 협상이 실패로 돌아가자 미국은 1951년 6월 야콥 말리크(Jacob Malik) 유엔주재 소련대사를 만나 논의한 뒤 소련에서 먼저 협상을 제안하기로 했다. 1951년 6월 13일 모스크바에서 열린 회담에서 "38도선의 경계선을 복구하는 조건에서 휴전은 유익하다"라는 결론을 내렸다.

이후 6월 16일 트뤼그베 리 (Trygve Halvdan Lie) 유엔사무총장은 휴전

보장 성명을 발표했고, 6월 23일에는 야콥 말리크 대사가 유엔 라디오 방송을 통해 정전을 위한 대화를 촉구함으로써 본격적인 협상 분위기가 조성되었다. 이어서 27일에는 그로미코 소련 외무차관이 휴전 제안 성명을 발표했고, 30일에는 리지웨이 장군(Matthew Bunker Ridgway)이 유엔군 총사령부 방송을 통해 휴전협상을 제안했다. 이어 북한 총사령관 김일성과 중국인민지원군 총사령관 펑더화이(彭德懷)가 7월 1일 공동으로 휴전협정 동의를 발표했다.

한국군은 지휘권을 미군에 이양한 상태였으므로 정전협상 당사국이 아니었기 때문에, 북한과 중국이 동의하자 정전협상은 1951년 7월 10일에 처음 열렸다. 하지만 정전협상은 그 후 거의 2년여 동안 계속되었다. 정전회담에서 다루어야 하는 휴전선 위치, 포로 문제 등 내용이 첨예하고 복잡했기 때문이기도 했지만, 미국이 회담에서 유리한 위치를 차지하려고 두 차례에 걸쳐 대규모 공세를 벌이면서 회담을 중단시켰기 때문이었다.

결국 정전협정을 하기 위해 2년 동안 전선은 한치라도 더 땅을 뺏고 뺏기는 지리한 싸움이 계속되었다. 마침내 1953년 7월 27일 경기도 장단군 진서면에 있는 어룡리 일명 '놀문리'에서 정전협정을 맺기 위한 천막회의장을 5일 만에 건설했다. 이 회의장이 현재의 판문점이 되었다.

이곳에서 열린 제159차 휴전회담 본회의에서 유엔군 측 수석대표 W.K. 해리슨과 공산군 측 대표 남일이 세 통의 휴전협정서와 부속 문서에 각각 서명한 뒤, 유엔군 총사령관 M.W. 클라크(Mark, Wayne Clark) 조선인민군 총사령관 김일성, 중국인민지원군 총사령관 펑더화이(彭德懷)

한국군사정전협정 서명식

가 각각 후방사령부에서 서명했다. 협정서는 서언과 5조 63항으로 구성된 전문, 11조 26항의 부록으로 이루어져 있으며, 국문·영문·한문으로 작성되었다.

한국전쟁을 중단하게 한 정전협정! 즉 정식명칭은 다음과 같다.

<국제연합군 총사령관을 일방으로 하고 조선인민군 최고사령관 및 중국인민지원군 사령관을 다른 일방으로 하는 한국 군사 정전에 관한 협정>

Agreement between the Commander-in-Chief, United Nations Command, on the one hand, and the Supreme Commander of the Korean People's Army and the Commander of the Chinese People's volunteers, on the other hand, concerning a military armistice in Korea.

朝鮮人民軍最高司令官及中國人民志願軍司令員一方與聯合國軍總司令另
一方關於朝鮮軍事停戰的協定

위의 정전협정 전문에 의하면 이 협정은 한국에서 분쟁을 종결시키기 위하여, 모든 전투행위와 무력행동을 완전히 끝내는 정전을 목적으로 체결되었다. 즉 정전은 휴전의 전제로서 짧은 기간의 적대행위 중단을 의미하므로 한국전쟁 정전협정은 휴전협정보다는 강화협정에 가깝다. 결국 전쟁을 일시적으로 중단한 정전협정에 머물러 전쟁의 발발원인을 해소하려는 노력이 무산되었다.

'휴전'은 전쟁의 중단을 의미하지만, 전쟁 원인의 해결에 합의하지 않은 채 전쟁을 종료한다는 점에서 '평화조약'과는 구분된다." 협정문 제목의 영어원문을 보면 'Armistice', 즉 휴전이라고 명시하고 있는 반면, 한국어로는 군사정전에 관한 협정으로 되어있고 역시 중국어 번역본에도 '정전(停戰)'이라고 표현하고 있다.

정전협정의 성격은 순전히 군사적인 것으로 6·25전쟁에서의 교전국에만 해당하는 것이었기에 전쟁당사자인 한국은 제외되었다. 즉 한국군은 지휘권을 미군에 이양한 상태였으므로 정전협상에 참가할 수도 없었지만, 한편 이승만정권이 정치적 이해관계 때문에 휴전에 반대입장을 표명하였기에 더욱 참여할 수 없었을 것이다.

정전협정서에 서명하기 전 클라크 장군의 마음은 착잡하였다. 그것은 한국의 자유와 평화를 지키기 위해 한국전에 뛰어들어 공산군과 싸우

다가 희생된 5만4,900여 명의 유엔군과 13만7천여 명에 달하는 한국군의 고귀한 희생이 있었음에도 완전한 승리는커녕 국제정치적 결정에 의해 휴전이 결정되었다고 생각했기 때문이다.

그는 서명 후 "승리 없는 전쟁에 서명한 것은 미군 역사상 내가 처음이었다."라는 말로 참담한 심정을 피력하였다. 클라크 장군은 왜 정전협정을 승리 없는 전쟁으로 생각하면서 휴전 이후 전개될 일들을 걱정하였을까? 클라크 장군의 걱정은 휴전 이후 그대로 대한민국과 미국의 현실적인 문제로 등장하게 되었다.

그는 한국전쟁 기간 공산주의 종주국인 소련과 신흥 공산국가였던 중국이 공산주의를 확산하기 위해 한반도를 선택했다는 사실을 알게 되었고 전쟁을 통해 공산군의 잔학성을 직접 확인하였다.

클라크 장군은 휴전 이후 한반도에 전개될 미래, 즉 정전협정이 한국인에게 완전한 자유와 평화를 주는 것이 아니라고 보았다. 즉 클라크 장군은 정전협정이 일시적으로 전쟁을 중단하고 피를 흘리지 않고 평화를 가져다줄 수 있겠지만 장기적으로 볼 때 오히려 한반도에서 새로운 갈등과 분쟁, 그리고 새로운 전쟁의 씨앗이 될 것이라고 예측했다.

결국 그의 예측대로 정전 후 지금까지 70여 년이 흘러왔지만, 한반도는 아직도 갈등과 분쟁, 새로운 전쟁의 씨앗이 계속 나오고 있다. 북한 핵개발의 최대 명분은 '미국과의 적대 관계가 해소되지 않은 상태에서의 자위수단 확보'이다. 남한에서는 지난 군사정권과 보수세력이 '북한 위협'을 명분으로 반인권적·반민주적 통치를 정당화해 왔다. 양쪽 모두 정전체제를 유지하느라 엄청난 비용을 지불해 왔고 앞으로도 지불할 것이다.

정전협정서의 주요 내용을 보면 ① 군사분계선을 설치하고, 양측은 군사분계선으로부터 2km씩 후퇴하여 완충지대로서 비무장지대를 설치한다. ② 군사정전위원회를 구성하여 휴전협정의 이행을 감시하며, 스웨덴·폴란드·스위스·체코슬로바키아 등 4개국으로 중립국 감시위원단을 구성하여 군비증강을 감시·조사하게 한다. ③ 양측이 억류하고 있던 포로를 송환할 것과 본국 송환을 거부하는 포로는 중립국 송환위원단에 인도하는 것으로 결정했다. 이 협정으로 6·25전쟁이 일어난 지 3년 1개월 2일 만에 휴전되었다.

정전협정의 내용 중 첫 번째 DMZ의 비무장지대 설치에 관하여 다음과 같은 주요 세부 사항을 포함하고 있다.

① 정전협정이 효력을 발생한 후 72시간 이내에 일체의 군사역량, 보급 및 장비를 비무장지대로부터 철거한다.
② 모든 폭발물, 철조망 및 기타 위험물은 설치한 군대의 사령관이 반드시 군사정전위원회에 보고한다.
③ 72시간의 기간이 끝난 후 45일 이내 모든 이러한 위험물은 반드시 군사정전위원회 지시와 감독하에 비무장지대 내로부터 제거한다.

(정전협정 제2조 제13항)

즉 'DMZ의 비무장 상태를 유지하기 위하여 양측 모두 DMZ 내에서 DMZ로부터, DMZ를 향하여 어떠한 적대행위를 감행하지 못한다.'(정전협정 제1조 제6항) 이렇게 한국전쟁의 유산으로 비무장지대(DMZ)는 정전협정에 따라 관리되었다. 유엔군사령부(유엔사)는 정전협정 상 출입통제 권한을 행사할 수 있어 정전 후 수십 년간 민간인의 출입을 철저하게 제한하며 관리하여 왔다

휴전 70년이 되는 이 시간에도 민통선에 있는 마을에 사는 주민들은 늘 초소를 통과하면서 불편을 겪고 있다. 내가 있는 김화는 2개 사단(3**,15**)이 함께 있어 사단별 민통선 마을에 출입하거나 영농을 위해 출입을 할 때마다, 신분증, 출입신청서, 코로나19 문진표 등을 작성 해야 하므로 검문소 출입에 상당한 불편을 겪고 있다. 일부 민통선 내 마을 주민들은 초소 이전을 강력히 요구하고 있지만, 아직 이전할 계획이 없어 불편을 감수하며 살고 있다.

특히 우리 농업인들은 바쁜 영농철에는 민통선 안에 농사를 짓기 위해 새벽에 들어가야 하는데 비록 통행증이 있지만, 눈치를 보면서 초소를 통과하고 있는 실상이라, 접경지역의 아픔을 아우르며 하루하루를 살아가고 있다. 이제 이러한 번거로운 출입통제 시대를 벗어나 비무장지대가 한반도 평화지역, 세계평화의 생태환경 보전지구로서 역할을 조속히 하기를 간절히 바랄 뿐이다.

2.

비무장 지대의 변화와
철원 김화

    한국의 광활한 DMZ 비무장지대는 사실상 유엔사의 영토다. 우리나라 지도를 놓고 보면 한반도는 남한과 북한 그리고 유엔사 소유의 DMZ로 3분할 되어있다. 2020년은 유엔군사령부 창설 70주년이 되는 해이다. 주한미군사령관이 한미연합사령관과 유엔군사령관까지 겸하고 있는 현실에 유엔사의 과도한 간섭과 통제는 남북 화해국면에서 사사건건 걸림돌로 작용하고 있다. 최근 몇 년 사이 유엔사의 월권이 상당히 심해지고 있다. 영토주권 침해는 우리 땅을 우리가 맘대로 오고 가지 못하고 있는 현실이 되었고 특히 민통선 내 경작을 하는 농가에 직접적 통행에 불편을 주고 있다.

    통일부는 유엔사 허가권의 범위에 대해 "정전협정에서는 유엔사의 권한에 대해 '순전히 군사적 성질에 속하는 것'이라고 규정하고 있는 만큼, 유엔사의 남북교류 협력사업 관련 DMZ/MDL(군사분계선) 통과 거부는 정전협정 취지에 맞지 않는다'고 해석을 하였다.

국방부 역시 "정전협정 선언에는 '순전히 군사적 성질에 속하는 것'이라고 명시되어 있다"라고 밝혔다. 다만 "유엔사는 정전협정에 따라 DMZ 출입 및 MDL 통과에 대한 승인 권한을 보유하고 있다"라고 덧붙였다. MDL(military demarcation line)은 휴전 또는 정전 시 대치하고 있는 양군의 태세를 고정화하거나 전선에서 병력을 분리하기 위해서 설정하는 기준선으로 지금의 군사분계선 즉 휴전선이다.

DMZ 정전협정 체결(1953. 7. 27) 이후 2000년대부터 북한방문 등 예상치 못한 정세 변화가 펼쳐지자 DMZ 방문 목적의 변화가 생겼고 방문자수도 증가하였다. 이것은 그동안 적대행위 및 군사적 목적의 출입이 아닌 교육적, 학문적, 정책적 목적의 방문이 증가하였기 때문이다. 이렇게 DMZ 출입이나 평화전망대 등 안보견학으로 DMZ 방문을 할 때 사진촬영 금지, 방문복장 규제 등을 하고 있는데 이는 모두 군사작전으로 규정하고 있어서 꼭 규칙을 준수하여야 한다.

철원의 비무장지대(DMZ) 안보견학코스는 유엔군사령부 규정 551-6 (2015.11.21.)에 의거, 유엔군사령관이 모든 DMZ 안보견학장 설립 및 운영에 관한 승인을 하고 있다. 현재까지 승인된 전국의 안보전망대는 '도라전망대, 제3땅굴, 상승전망대, 태풍전망대, 열쇠전망대, 제2땅굴, 평화전망대, 용양보, 승리전망대, 칠성전망대, 제4땅굴, 을지전망대, 금강전망대 등 13개소이다.

그중 철원에는 평화전망대, 제2땅굴, 용양보, 승리전망대 등 4개소가 있는 것이다. 특히 김화에 있는 승리전망대, 용양보를 방문하려면 일반

비무장지대 내 5월 영농철 모내기를 마친 논 (김화 용양보 부근)

인은 사전신청을 하여야 하지만, 영농인은 상시 출입 허가증을 받아 비
표를 받고 출입을 하고 있다.

우리 정부는 'DMZ 유네스코 세계유산 남북공동 등재'를 위하여
DMZ 비무장지대의 평화적 이용사업의 기초자료를 만들고 있다. 이를
위해 DMZ 우리 측 지역의 역사, 문화, 환경, 산림 등 다양한 분야의 실
태를 조사하고 있는데 유엔사의 평화적 방문에 대한 불허 문제가 해결
되지 않으면 원활한 조사사업 추진이 어려워질 수 있다.

또 유엔사는 정전관리 권한은 갖고 있으면서 대한민국 헌법상 의무는
지지 않고 있다. 비무장지대라는 광활한 지역에 대한 점령권을 행사하
고 있는데도 그로 인한 국민 권한의 침해가 발생할 때 어떤 법적 책임도

물을 수 없는 현실인 것이다.

　대구대 최철영 교수는 한반도에서 북한의 무력공격과 이에 대한 한국의 방어가 더 이상 진행되지 않는 정전상태에서 유엔사는 '미국의 필요에 따라 UN의 깃발을 사용하면서 한반도 내에서 미국에 의해 독자적으로 운영되고 있다'라고 말했다. 정전협정 이후 유엔사는 한반도의 무력충돌 가능성을 낮추기 위한 평화조성(Peace making) 활동기능을 수행하는 기관임에도 불구하고 본질적 성격을 망각하고 있다고 이야기되고 있다.

　현재와 같은 정전체제는 상대방에 대해 적대적 의식을 가지도록 강요한다. 적대적 의식을 가진 사람들은 정전상태를 전쟁상태가 지속하는 것으로 간주하게 되고, 적대적 수단에 의해 적대적 목적을 달성함으로써만 전쟁상태를 종식할 수 있다고 생각한다.

　한국전쟁의 정전체제는 상대를 교전 대상국으로 남겨둠으로써 적대정책을 추구하는 근거를 제공하고 있다. 군사적 대치상황뿐만 아니라 적대적 대결의식이 사람들의 가치관과 행동을 지배하는 것이 더 심각한 문제가 되고 있다. 이처럼 정전체제는 남북상호 간 우호관계로의 전환을 막고 있고 평화체제를 수립하는 것을 가로막고 있다.

　세계적 평화론자인 스웨덴의 석학 요한 갈퉁(Johan Galtung)은 평화를 두 가지로 나누었다. 살육만 멈춘 전쟁의 위협은 유지되고 있는 '소극적 평화'와 양측간의 평화적 교류와 진정한 협력이 이루어지는 '적극적 평화'다.

　이제 한반도는 해방 후 남과 북으로 분단된 지 80년이 되어 간다. 지금까지 1953년 휴전상태가 된 지 70년이 되어가고 있는 '소극적 평화'의 시대였다면 앞으로의 한반도는 '적극적 평화'의 시대로 나아가야 한다. 지난 70여 년 동안 휴전상태의 한반도는 우리 자신 스스로 종전을 할 수 없었다.

나의 조그마한 희망은 '세계평화의 시발점은 한반도에서 출발한다'라는 큰 그림을 바탕으로 미국의 조 바이든 대통령이 북한과 종전선언을 하고 비핵화 평화협정을 추진하는 것이다. 즉 휴전의 당사자가 미국, 중국, 북한이므로 이들 나라가 종전선언을 하고, 남과 북, 미국과 북한이 새롭게 평화의 체결을 하면, 이곳 비무장지대 일대는 커다란 역사적 새로운 변화를 겪을 것이다.

3.

김화의 비무장지대!
세계유산이며 생물권 보전 지역이다

    한반도 비무장지대는 임진강 하구에서 강원도 고성까지 동서로 248km, 남북으로 4km의 거대한 녹색 지대이다. 지난 70여 년 동안 군사대결이 낳은 비극적 공간이지만 인간의 발길이 닿지 않은 희귀 야생 동식물의 최대 서식지로 자연 생태계의 최고 보고이므로 세계가 그 가치를 공유해야 할 인류 공동 유산이다. 특히 철원지역은 비무장지대의 중앙에 위치해 한국전쟁의 격전지 가운데 가장 치열한 전투가 벌어진 곳이기도 하다.

    1950년 6월 25일 북한군의 남침으로 한국전쟁이 시작되자 6월 27일 미국의 참전을 시작으로, 7월 7일에는 영국군이 도착했으며, 후에 1951년 5월 5일 에티오피아가 병력을 파견함으로써 UN군 16개국의 진용이 완성되었다. 직접 병력을 보내지는 않았지만, 의료 인력과 병원선을 보낸 국가들도 5개국(스웨덴, 인도, 덴마크, 노르웨이, 이탈리아)에 이른다. 그리고 32개국이 전쟁 물자를 지원하였고 7개국이 전후 복구 지원을 하는 등 60개국이 참전을 한 것이다.

즉, 한국전쟁은 한반도 내 전쟁이 아니라 전 세계 대륙의 국가들이 참전한 전쟁이었다. 표면적으로는 국지전이지만 한국전쟁을 '침략자 對 전세계'의 구도로 상징화 할 수 있다. 우리의 적이었던 북한군, 중국 인민지원군, 소련군까지 포함해 본다면 6·25 한국전쟁은 전 세계 전쟁 가운데 가장 많은 다국적군의 전쟁이 한반도에서 벌어진 것이다.

이토록 많은 다국적 병사들의 피가 묻혀있는 김화지역은 이제 평화와 생태의 비무장지대로 서서히 변하고 있다. 여기 김화에서 금강산 가는 철로는 백두대간 생태 축과 비무장지대(DMZ) 생태 축이 교차하고 있는 지점이다. 생태축의 교차점이자 교통의 교차점, 분단역사의 교차점인 이곳 김화는 생태·평화·생물권 보전지역으로 다시 태어나고 있다.

이렇듯 비무장지대 일원은 자연유산이나 생태유산, 문화유산으로 충분한 가치가 있다. 특히 문화유산 가운데 하나의 거대한 전쟁 유산으로 다음 세대에 평화에 대한 소중함을 전해 줄 수 있다. 중국이 구축한 거대한 지하장성과 전쟁 이후 쌍방이 설치한 콘크리트 벙커, 휴전선을 가르는 삼중철책 등 각종 군사시설은 하나의 거대한 '단일요새'이자, 대표적인 '전쟁유적'이다. 특히 가장 많은 나라가 참전한 전쟁으로 김화지역의 비무장지대는 '세계복합전쟁유산'으로 자격이 충분하다.

강원도, 경기도, 문화재청이 비무장지대 세계유산등재추진을 위해 2020년 5월 철원 '화살머리 고지'와 '백마고지'에서 현지 조사를 하였다. 조사단은 한국전쟁 당시 군사작전지도 등 기록을 토대로 '세계 유산등재'를 추진하고 있다.

　한반도의 비무장지대는 세계에서 유일한 이데올로기 희생에 따른 전쟁의 상흔이 유산으로 보전될 수 있는 곳으로, 한국군을 비롯하여 UN 참전국 60개국 젊은이들과 동시에 적이었던 북한군, 그리고 그들을 지원한 중국 인민지원군 등을 합쳐 전 세계 젊은이들의 피와 땀과 고통과 추억이 서린 곳이다. 이러한 비무장지대는 동서 냉전의 상징으로 평화를 갈구하는 인류에게, 다시는 이 같은 참혹한 전쟁을 하면 안 된다는 교훈을 안겨주는 평화기원의 유산이 되어야 한다. 그리고 비무장지대는 전 세계 젊은이들의 희생을 딛고 그 의미를 기념하는 새로운 복합유산 공간으로 바뀌어야 한다. 즉 전쟁 대신 평화를 갈망하는 「세계 평화 치유 센터」가 건립되어야 하고 이러한 조건에 맞는 최적의 장소는 오성산이 바로 앞에 보이는 김화지역이 가장 좋다.

UN 참전국 현황

구분	국가명	군별	참전인원	전사자	비고
1	미국	육·해·공	302,483	54,246	
2	영국	육·해·공	14,198	1,078	
3	프랑스	육·해	1,496	262	
4	캐나다	육·해·공	6,146	312	
5	호주	육·해·공	2,282	339	
6	네델란드	육·해	819	119	
7	그리스	육·공	1,263	188	
8	필리핀	육군	1,496	112	
9	뉴질랜드	육·해·공	1,389	**23**	
10	터키	육군	5,455	721	
11	태국	육·해·공	1,294	129	
12	벨기에	육군	900	104	
13	남아프리카공화국	공군	전투 비행대대	34	
14	룩셈부르크	육군	44	2	
15	콜럼비아	육·해	1,068	143	
16	에티오피아	육군	1,271	121	
17	스웨덴	병원	154		
18	인도	병원	70		
19	덴마크	병원선	100		
20	노르웨이	병원	105		
21	이탈리아	병원	72		
계			341,628	57,933	

자료 : 국방군사연구소 <한국전쟁피해 통계집>

4.

오성산 앞 DMZ!
남과 북을 마주하는 GP 보전과 철거

비무장지대(DMZ)는 조약이나 협정에 의하여 무장이 금지된 완충지대를 뜻한다. 그러나 한반도의 DMZ는 유례를 찾아보기 힘들 만큼 중무장 되어있는 갈등과 대립의 대표적 상징이다. 남과 북은 평양정상회담에서 채택한 2018년 「9·19 남북 군사합의서」에 따라 공동경비구역(JSA) 내 지뢰를 제거하고 남측과 북측 각각 11개의 감시초소(GP)를 파괴하고 화기를 철수하기로 했다.

그러나 남측과 북측은 각각 의미있는 GP 한 군데는 보존키로 하고 각각 10개의 GP를 파괴에 들어갔다. 북측이 보전키로 한 GP는 오성산 옆의 까칠봉 GP이고 한국이 보전키로 한 GP는 1953년 정전협정 후 최초 설치된 고성에 있는 GP이다.

이에 따라 그해 12월 남과 북이 상호 1km 이내 거리에서 마주 보고 있는 20개의 감시초소(GP)를 폭파했다. 그런데 아이러니하게도 우리 군

오성산 앞 남한의 첫 번째 폭파 GP와 북측이 폭파한 GP

이 첫 번째 폭파한 감시초소(GP)도 김화 오성산 앞에 있는 GP이고, 북한이 의미를 두고 보존코자 하는 GP도 김정은 국무위원장이 2013년 6월 방문했던 오성산 옆 까칠봉 GP이다. 계웅산에서 까칠봉까지 직선거리로 700m밖에 안 된다.

이렇게 김화의 비무장지대(DMZ)는 북한의 오성산이 바로 보이는 곳이면서 과거 김화역에서 창도를 지나 금강산을 갔던 전기철도가 다니던 곳이다. 앞에서 언급하였듯이 김화는 오성산이 바로 마주하고 있어 중국의 '상감령전역'이라는 저격능선과 삼각고지가 바로 앞에 있는 전쟁사의 화흔을 그대로 간직한 지역이다. 또 여러 나라 병사들이 참전한 격전지 즉 남북한과 유엔 참전국 21개국, 그리고 중국 등 전 세계의 많은 젊은이의 피가 서려 있는 현장이기도 하다.

2018년 트럼프 정권 시절 문재인 대통령과 김정은 위원장은 역사적 남·북 정상회담을 개최하였고 북·중 및 한·미 정상회담, 그리고 북·미정상회담이 잇달아 열리면서 한반도에 전례 없는 평화 분위기가 조성되었다. 하지만 그 후 남북관계는 진전하지 못하고 있다가 문 대통령이 미국 바이든 대통령의 초청으로 미국을 방문한 후 조금씩 남·북 관계가 회복되는 아지랑이가 피어 올라오고 있다.

2019년 문재인 대통령은 유엔총회 기조연설에서 비무장지대 안에 UN기구를 설치하는 등 국제평화지대로 만들자고 제안을 하였다. 한반도 문제를 풀기 위해 첫째, 전쟁 불용, 둘째, 상호 간 안전보장, 셋째, 공동번영의 원칙을 들었다. 이 세 가지 원칙을 바탕으로 유엔과 모든 회원국들에 한반도의 허리를 가로지르는 비무장지대를 국제평화지대로 만들자고 제안을 한 것이다. 문대통령은 남·북 간에 평화가 구축되면 북한과 공동으로 유네스코 세계유산 등재를 추진할 것이다.

또한 문대통령은 △판문점과 개성을 잇는 지역을 평화협력지구로 지정해 남과 북, 국제사회가 함께 한반도 번영을 설계할 수 있는 공간으로 바꾸고 △비무장지대 안에 남·북 주재 중인 유엔기구와 평화·생태·문화와 관련된 기구 등이 자리 잡아 평화연구, 평화유지, 군비통제, 신뢰구축 활동의 중심지가 된다면 국제적인 평화지대가 될 수 있다고 예상했다.

앞에서도 말했듯이 역사적으로 김화지역은 전쟁으로 인해 북한의 김화군과 남한의 김화로 나누어져 있고 오성산 앞에는 그 어느 전투보다도 치열했던 전쟁의 상흔이 남아있는 곳이다. 그러나 이제는 남과 북,

미국과 중국을 연결하여 분열에서 세계평화로 나아가는 시발역이 될 수 있다.

그래서 나는 문대통령이 제안한 비무장지대 내 유엔기구와 평화·생태·문화와 관련된 기구 등이 자리를 잡고 평화연구, 평화유지, 군비통제, 신뢰구축 활동의 중심지점이 될 수 있는 곳으로 우리 철원김화가 가장 적합하다고 생각한다.

좀 더 구체적으로 제안을 하면 첫째 오성산이 보이는 김화평원에 「세계 평화치유센터」를 만들어 유엔기구도 유치하고 세계 지뢰 박물관도 만드는 것이다. 둘째 남과 북, 미국, 중국, 중동 등 전 세계 젊은이들이 모여 인류의 평화와 전쟁에 대한 치유, 그리고 DMZ의 환경, 생태, 문화를 함께 아우르는 복합공간을 만들어 나가기를 바란다. 그리고 이곳에서 BTS가 세계평화의 노래와 춤을 전 세계 젊은이들과 함께 공연할 날을 상상해본다.

5.

남과 북은 '미국 중심적 체계'와
'중국 의존성'에 대한 환상에서 벗어나자

나는 매일 철책을 바라보면서 우리 젊은이들이 조국 산하를 지키고 있는 것에 대해 마음의 위로를 보낸다. 북한의 오성산을 바라보며 한국의 역사를 돌이켜 보면 우리는 항상 「안보는 미국, 경제는 중국」이라는 양다리를 걸치며 경제성장을 하여 왔고 이제는 세계 경제 10위권의 국가로까지 당당한 성장을 하였다. 이 성장의 뒤에는 늘 북한의 위협에서 살아남기 위해 미국과 중국 등 강대국 사이에서 외줄 타기를 하며 살아온 것이다.

최근 미국이 트럼프 정부에서 바이든 대통령으로 우여곡절 끝에 정권이 바뀌고 나서는 한미동맹을 더욱 공고히 하는 움직임이 보인다. 미국은 태평양 건너 멀리 있지만 일제 강점기부터 광복, 한국전쟁, 경제개발 5개년 계획, 민주화 과정과 미국문화 그리고 한국경제 성장에 가장 큰 영향력을 끼쳤다. 그래서 우리는 지난 시절 미국의 엄청난 영향력을 인정하고 미국을 흠모하며, 미국에 의지하며 사는 것이 유리하다고 인식하면서 살아왔다. 결국 미국처럼 선진 민주국가가 되기 위하여 '근대·자유·선진·시장·자본·문화' 등의 지향점을 갖고 하나의 목표를 향해 나아가고 있다.

다른 한편으로는 미국에 대한 열등감을 벗어나 민족적 자존심을 회복해야 한다고 주장하는 이들도 있다. 다음은 김성경 북한대학원 교수의 글을 소개한다. 미국에 대한 극단적 시각은 복잡한 국제정세와 국내정치가 얽힌 상황에서 친미 혹은 반미 중 하나를 선택하는 것은 현실적인 대안이 되기 어렵다.

많은 사람은 국가안보와 한반도 평화구축을 위해서는 미국의 의중을 읽어내는 것이 관건이라고 한다. 여야 정권이 바뀔 때마다 친미인사가 누구인가를 따지고, 미국의 정권이 바뀔 때마다 또한 친미인사로 외교정책을 수립해 왔다. 혹여나 일부 언론에서는 미국의 심기라도 건드렸다 싶으면 굳이 미국이 나서지 않아도 '대한민국 외교 참사'라는 식의 비난이 먼저 쏟아져 나온다.

미국을 벗어나려는 시도, 미국에 반기를 드는 심리는 결국 두 관점 모두 미국에 의존하는 것과 유사한 감정구조를 공유한다. 이는 우리가 주체적으로 존재하지 못하는 상태에 대한 자백이다.

북한의 의식구조에서도 미국이라는 존재는 견고한 주적으로 간주되어 왔고 이것은 역설적이게도 북한 정체성의 중심이 되어 왔다. 북한의 핵무기는 '평화의 보검'으로 '제국주의 미국의 책동'을 막아내기 위한 수

령의 주체적 결단이자 인민의 생명을 걸고 지켜야 하는 것으로 의미화 된다. 대북 경제제재하에 있는 김정은 정권은 너무 오랫동안 미국의 적 대시 정책에 힘을 쏟아 지금은 미국으로부터 체제 안전을 보장받는 것 에 급급한 상황이다.

이렇게 미국에 결박된 한반도 남북한 모두의 가치관과 시각은 현실에 대한 냉정한 판단이나 미래에 대한 새로운 상상을 위축하고 제한한다. 트럼프 시대에 민주주의와 자유주의는 상당히 타격을 받았고, 미국이 주도했던 세계는 코로나19 펜데믹으로 절체절명의 위기에 봉착했다. 최 근 가장 큰 문제는 이렇듯 모든 것이었던 미국의 실체가 나날이 흔들리 고, 세계를 장악했던 미국 중심적인 지식체계의 허상이 점점 드러나기 시작했다는 것이다. 미국의 세계를 당연하게 여기며 살아온 남과 북 모 두에게 혼란스러운 상황은 마찬가지이다. 미국을 비롯한 모든 강대국은 다 동전의 앞뒷면을 가지고 있다.

예를 들어 세계 10대 무기회사 중 7개는 미국에 속한 회사이다. 미소 냉전 관계가 사라졌음에도 불구하고 미국이 생산하고 판매하는 무기 산업은 어마어마해졌다. 무기 자본가들은 정계에 수백 명의 로비스트를 풀어 전쟁을 부추기고 있다. 주한미군사령관, 유엔사령관, 주한미대사 들은 은퇴 후 미국의 무기회사 임원으로 취업하여 로비스트가 되기도 한다.

2차 세계대전 이후 현재까지 150개국에서 벌어진 250여 개의 전쟁 중 200개가 미국이 발발한 것이라고 한다. 과연 미국은 '사악한 악마'들을 제압해서 평화롭고 행복한 지구촌을 만들기 위해 애쓰는 영웅적 존재인가? 강철같은 경찰국가가 있는데 왜 세계는 계속 전쟁과 난민과 군사적 대치로 갈등이 끊이지 않는가?

그것은 정의롭지 못한 경찰국가 때문이다. 그 배경에는 경찰국가를 키우고 경찰국가의 목줄을 죄고 있는 무기산업체들의 영향력도 상당히 차지하고 있다. 비무장지대(DMZ) 부분에서 언급했지만, 북한 핵개발의 최대 명분은 '미국과의 적대 관계가 해소되지 않은 상태에서의 자위수단 확보'이다. 미국과 중국 양쪽 모두 한반도의 정전체제를 70년 동안 유지시키면서 평화교류의 통일비용보다 남북한이 모두 군비확충에 엄청난 비용을 지불토록 해 왔고 앞으로도 계속 현 정전상태를 유지시키며 비용을 지불토록 할 것이다.

어찌 한 강대국뿐이겠는가! 다른 강대국도 자국의 이익만을 위한 여러 형태의 정의롭지 않은 뒷면을 많이 가졌을 것이고 약소국가는 상대적으로 그 피해를 고스란히 역사의 상처로 안았으리라.

2018년 남북정상회담을 통해 핵과 미사일의 국가안보를 인간에 대한 안전으로 바꾸어내는 것, 경제적 이해타산을 호혜 관계로 극복하는 것, 성장을 상생으로 대체하려는 것 등은 이미 남북한의 곳곳에서 시도되고 있다. 다만 미국만을 추종해 온 남과 북의 기득권 세력에게만 인식되지 못했을 뿐이다. 그러나 역사의 도도한 변화의 물결은 그 누구도 막을 수는 없다.

같은 민족인데 우리 남북은 3년 전쟁 후 70년을 증오 속에 살고 있다. 진실한 우방들이라면 화해를 시켰어도 벌써 시켰어야 한다. 왜 남북을 가로막고 모질게 평화를 가로막고 있는가? 유엔사를 운영하면서 악착같이 남북을 가로막고 있는 배경에는 군수 자본의 움직임이 큰 영향력을 행사하고 있는 사실이 가끔 뉴스에 포착되기도 한다.

우리 사회가 미국과 중국, 일본을 극복한 '다른 미래'를 꿈꾸기 위해서는 이제 당당하게 서서 경계 밖 수많은 상상력과 실천들의 가능성을 주목하는 데서부터 시작해야 할 것이다. 새로운 평화의 세계는 이미 지근거리인 내가 생활하는 이곳 오성산 앞 김화에 도달해 있을지 모른다. 세상은 너무나 잘 알고 있는데 다만 이 나라에 사는 우리만 이 사실을 늦게 깨닫는지도 모르겠다.

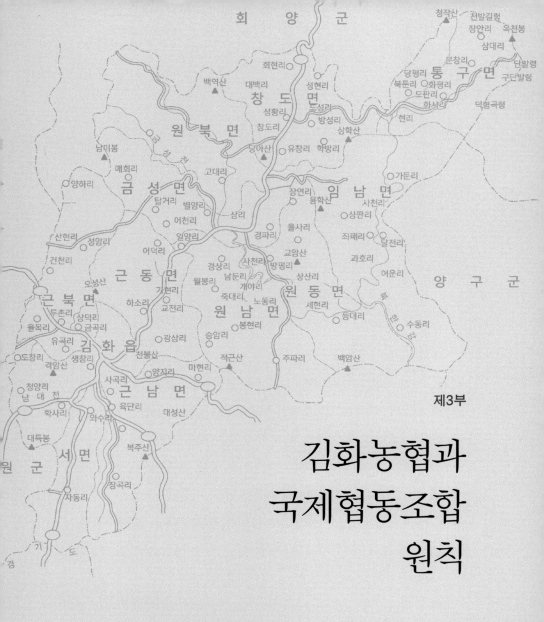

제3부

김화농협과
국제협동조합
원칙

프롤로그

온전한 정신을 가진 섬
"협동조합"

나는 청년 시절 잠시 다니던 S그룹에서 농업협동조합중앙회로 직장을 옮기게 되었다. 그때는 협동조합이 무엇인지도 몰랐고 농협이라는 직장의 특징만 표면적으로 알았을 뿐이다. 농협은 일반 직장과 달리 고향에 근무하는 원칙이 있어 첫 발령을 받은 곳은 충북 보은이었다. 신규직원 시절엔 협동조합에 대해 피상적인 교육만 받고, 정신없이 신용사업인 대출 일만 하다 보니 시간은 속절없이 빠르게 흘러만 갔다. 그 후 어느덧 중견 팀장이 되어 중국 베이징(北京)에 있는 중국사무소장으로 발령을 받게 되었다.

이때 우리나라 농산물 수출업무를 하면서 중국의 협동조합인 중국공소합작사(中國供銷合作社)를 파트너로 하여 같이 일을 하게 되었다. 중국 공소합작사는 중국에서 가장 큰 구매와 판매를 하는 협동조합으로 국제협동조합연맹(ICA) 아태지역 회장을 맡고 있는 기관이었다. 당시에는 중국공소합작사와의 무역 업무뿐만 아니라 중국 내 각종 협동조합 세미나에 참가해서 한국의 협동조합과 농업부문 중심의 협동조합 사업발표를 하면서 중국의 운남성, 광서성, 귀주성, 안휘성, 절강성 등 여러 지역을 발로 뛰어다녔다.

후에 중국사무소장 임기를 마치고 귀국 후 농협중앙회 본부의 해외협력국장을 하면서 국제협동조합연맹(ICA)과 국제농업기구(ICAO)의 사무총장을 하게 되었다. 바로 이 시기에 협동조합의 가치와 역할에 대해 가장 많이 고민하고 생각하는 계기를 가지게 되었다.

과거 농협중앙회 승진시험에는 시험과목 가운데 '농협론'이 있어 그나마 피상적으로라도 협동조합 정신을 배울 수 있었다. 하지만 실제적으로는 사무총장 일을 하면서 ICA 국제협동조합연맹에 대해 깊이 알아가고 「협동조합 7원칙」의 중요성을 확실히 이해하게 되었다.

솔직히 현재 일선 각 협동조합과 이와 관련된 자회사들 그리고 협동조합중앙회 혹은 연합회 등의 직장 내에서는 협동조합 정신과 가치에 대해 느끼는 체감온도는 구성원 간 많은 차이가 나며 생각의 괴리도 크다. 내가 근무했던 농협중앙회는 2012년 지주회사 체계로 조직구조가 변경되면서 협동조합기업인 자회사를 많이 출범하게 되었는데, 자회사 직원들의 협동조합에 대한 의식은 매우 희박하였다. 대부분 채용된 직원들이 협동조합기업의 모체보다 그들이 하는 업무에 대해서는 잘 알았지만, 그 본질인 협동조합을 배울 기회는 매우 적었기 때문이다.

농협은행, 농협생명보험, NH투자증권, 농우바이오, 농협무역, 농협사료, 농협물류, 농협유통 등 많은 회사의 직원들은 특정한 상황에 의해 갑자기 협동조합기업으로 인수되었거나 농협중앙회 자회사로 분리되면서 협동조합교육을 제대로 배울 시간이 없었다. 그러나 어떠한 이유나 상황이든 협동조합교육은 반드시 받아야 한다. 나아가 어떤 특정한 업무를 하는 사람뿐만이 아닌 협동조합에 연관된 모든 직원과 협동조합의 조합원도 역시 교육을 다 같이 받아야 한다.

결론적으로 '협동조합의 의미를 잘 이해하는 것이야말로 협동조합을 발전시키는 가장 큰 원동력이 된다'는 것이 나의 지론이다.

더불어 참고로 A.F. 레이들로 박사의 보고서를 소개하려 한다.

1980년 A.F. 레이들로 박사는 국제협동조합연맹 모스크바 대회에서 「서기 2000년의 협동조합」이란 보고서를 발표했다. 레이들로는 전후를 10년 단위로 나누어 「1950년대는 기대가 부푼 시대」, 「1960년대는 전대미문의 성장과 발전이 있었던 10년」, 「1970년대는 기대는 부서지고, 꿈이 깨어지는 시대」로 분석했다. 그는 80년대에 들어와서 인류는 역사의 분기점 혹은 전환점에 다다르고 있다고 예견했다. 사람들은 오래 정박하고 있던 항구에서 배의 닻줄이 끊어져, 불확실성이라는 바다의 한가운데를 표류하는 느낌을 받게 될 것이고, "협동조합이야말로 온전한 정신을 가진 섬이 되지 않으면 안 된다."고 주장했다.

레이들로는 협동조합의 역사를 회고하면서 협동조합의 위기를 다음과 같이 분석했다. 제1의 위기는 「협동조합이 조합원의 신뢰를 얻고 있는가?」라는 신뢰의 위기, 제2의 위기는 경영의 위기이다. 제3의 위기는 사상의 위기이다. 이렇게 레이들로는 '협동조합의 진정한 목적은 무엇인가? 일반 회사와 다른 종류 사업체로서 명확한 역할을 수행하고 있는가?'에 대한 의문을 강하게 제기하면서 협동조합이 이 같은 위기에 직면해 있다고 분석하였다. 40년 전에 발표한 레이들로 보고가 가지고 있는 협동조합 문제 인식은 현시점에도 동일하게 적용된다. 나는 3년 전 농협중앙회를 퇴직하고 김화농협에 다시 근무하게 되면서 일선 조합의 현실을 더 자세히 체험하고 알게 되었다. 이곳 김화농협에서 조합원과 매일 몸으로 부딪치는 우리 직원들조차도 협동조합에 대한 투철한 의식을 가지지 못해 조합원과 일부 마찰이 종종 생기고 조합원은 조합원대로 농협에 커다란 기대와 희망을 가지고 있지만, 농협의 지배구조는 아직도 조합원과 거리가 있는 상황이다.

이제 우리 김화농협도 협동조합운동의 역사를 겪으며 어언 50년의 장년이 되었다. 앞으로 100년의 농협으로 성장하기 위해서는 협동조합 원칙에 충실한 조합이 되어야 한다. 나의 바람은 우리 김화농협의 중심인 조합원님과 직원분들이 막연한 협동조합의 상식을 넘어 보다 더 구체적인 협동조합의 가치와 의미를 같이 공유하는 것이다. 이에 너무나 부족하지만, 그동안 소소히 경험한 나의 협동조합에 대한 작은 조각들을 연결하여 한편의 글을 쓰게 되었다.

그래서 이번 장의 글은 국제협동조합연맹(ICA)의 원칙해설서를 바탕으로 협동조합 7대 원칙이 일선 농협에 어떻게 적용이 되는지 나아가 더 세부적으로 이곳 김화농협에서 적용되는 방향과 그 의미가 무엇인지 나름 정리하여 보았다.

1.

협동조합이란!

　1895년에 설립된 국제협동조합연맹(ICA)[1]은 전 세계 300여만 개의 생산자협동조합, 소비자협동조합, 농업협동조합, 신용협동조합, 노동자협동조합 등 다양한 형태의 협동조합이 모여 만든 세계 최대의 비정부조직(NGO) 이다. ICA는 벨기에 브뤼셀에 본부를 두고 유럽지역, 아시아·태평양지역, 아프리카 지역, 아메리카 지역 등 4개 지역에 사무국을 두고 있다.

　그리고 전 세계협동조합의 목소리를 대변하며 협동조합 운동을 위한 세계적, 지역적 수준의 국제기구 및 조직과 협업하여 협동조합에 우호적 환경 조성에 노력하고 있다.

　ICA는 전 회원이 참여하는 전체 총회와 유럽지역, 아·태지역, 아프리

---

1 국제협동조합연맹(ICA, International Co-operative Alliance)은 협동조합의 가치와 원칙을 수호하는 기관이다. ICA는 협동조합과 사회적기업 모델을 발전시키기 위해 1895년 설립된 비영리 국제단체이며 전 세계 112개국에 있는 318개의 협동조합연합회와 그 조직들을 대표하고 조합원 수가 10억명에 이른다. (2019년 12월 기준)

카, 아메리카 지역의 지역총회를 매년 서로 번갈아 가면서 2년마다 개최하고 있다. ICA 이사회는 전체 총회에서 선출하는 회장 1명, 각 지역총회에서 추천하는 부회장 4명, 임기 4년의 이사 18명 등 총 23명으로 구성된다. 현재 한국에서는 농협중앙회장이 ICA 이사로 활동 중이다.

ICA는 사업 수행의 전문성을 높이기 위해 산하에 8개 분과기구를 두고 있다. 농업(ICAO), 금융(ICBA), 소비자(CCW), 수산업(IFCO), 보건(IHCO), 주택(ICA Housing), 산업 및 서비스(ICMIF), 보험(CICOPA)로 구성되어 있다. 이밖에 성평등·젊은세대·연구·협동조합법·소통 등 5개 분야의 기능별 전문위원회도 운영 중이다.

그리고 ICA는 국제연합(UN) 전문기관과 협력강화를 위해 국제연합식량농업기구(FAO), 국제연합무역개발회의(UNCTAD), 국제연합인간거주회의(HABTAT) 등에 ICA 상주대표를 두고 있다.

특히 내가 국제협동조합농업기구(ICAO) 사무총장을 역임할 수 있었던 것은 1998년 농협중앙회 원철희 회장께서 ICAO 회장으로 선출된 이후 농협중앙회 내 ICAO 사무국을 설치·운영하고 있기 때문이었다. ICAO의 주요 활동은 세계 농업부문 및 농협기관 간의 상호교류와 협력을 도모하며, 각국의 농업과 농협의 발전을 위해 조사 및 협력사업을 수행하는 것이다.

국제협동조합연맹(ICA)는 1922년 협동조합 간 교류와 협력을 증진하고 협동조합의 존재를 일반 국민에게 알리기 위하여 매년 7월 첫째 토요일을 「세계협동조합의 날」로 정하고 기념하고 있다. 이에 한국도 1996년부터 농협, 수협, 산림협, 생협, 신협, 새마을금고 등 국내 협동조합이 모두 참여한 가운데 「세계협동조합의 날」 기념식을 개최하고 있다.

ICA 홈페이지 세계협동조합의 날 www.ica.coop/en

　2021년 12월에는 제33회 세계협동조합대회를 대한민국 서울에서 개
최할 예정이다. ICA 세계협동조합대회는 전 세계협동조합과 협동조합인
들이 모여 서로 공유하고 배우며 성장하는 역사적인 장이다. 제33차 세
계협동조합대회는 협동조합 정체성을 다시 확인하고 ICA 설립 125주년
과 '협동조합 정체성 선언'의 25주년을 기념한다.

　ICA 총회가 2년마다 열리는 반면 세계협동조합대회는 특별한 해에,
특별한 목적을 위해 열린다. 이번 2021년 12월 서울 대회는 유럽이 아
닌 국가에서 열리는 두 번째 대회로 특히 개별법 협동조합과 기본법협
동조합들이 다양하게 존재하는 대한민국 서울에서 개최되므로 더욱 의
미가 크다.

　이번 서울에서 개최되는 세계협동조합대회의 주제는 '협동조합 정체
성에 깊이를 더하다.(Deepening Cooperative Identity)'이다. 1995년 영국 맨
체스터에서 열린 제31차 세계협동조합대회에서 '협동조합정체성 선언'이
채택된 지 올해로 26번째 해를 맞이하여 서울에서 협동조합 정체성에

대해 깊이를 더 하는 다양한 프로그램이 준비되어 있다.

협동조합대회에서 제1세션은 협동조합 정체성 점검하기, 제2세션은 협동조합 정체성 강화하기, 제3세션은 협동조합 정체성 헌신하기, 제4세션은 협동조합 정체성 알리기로 구성되어 있다.

ICA는 협동조합에 대한 의미를 다음과 같이 정의하고 있다.

> 협동조합은 공동으로 소유하고 민주적으로 운영되는 사업체를 통하여 공동의 경제적·사회적·문화적 필요와 욕구를 충족시키고자 하는 사람들이 자발적으로 결성한 자율조직이다.
>
> (The Statement on the Cooperative Identity states that a cooperative is an "autonomous association of persons united voluntarily to meet their common economic, social, and cultural needs and aspirations through a jointly owned and democratically-controlled enterprise.)

위에서 언급한 ICA 협동조합 정의에 '공동의 경제적·사회적·문화적 필요와 욕구를 충족'이라는 조직의 목적은 조합원의 경제적 이익은 물론 비경제적 필요(가치와 권리)의 추구까지 반영하고 있다. 또한 "자발적으로 모인 사람들의 결사체"라는 조직의 성격에서는 공동의 이익과 활동을 위한 개인의 자발성, 결사체에서 개인의 참여 의무 등을 내포하고 있다.

이는 협동조합이 '개별 조합원의 결사체(Association)'이면서 동시에 '공동의 사업체(Business Enterprise)'라는 협동조합의 이중적 속성(Dual nature)에 기인하기 때문이다. 또 협동조합은 조합원 간의 다중계약에 기초하여 경제적·사회적·정치적 목적을 충족시키기 위해 결합하였으며, 사업체를 통하여 이를 직접 실현하는 곳이다.

미국 농무부(USDA)는 협동조합을 이용자 소유회사(user-owned firms, UOF)로 "협동조합은 이용자가 소유하고 통제하며, 이용 규모를 기준으로 이익을 배분하는 사업체(Business)이다."라고 규정하고 있다. 그러므로 협동조합의 조합원(member)은 '이용자(user)'인 동시에 '소유자(owner)'이며, 투자이익이 아니라 사업이용에 따른 편익을 추구하기 위해 협동조합에 참여하는 것이다. 이런 이유로 협동조합을 '이용자=소유자=통제자=수익자'인 사업체로 규정하고 있다.

여기에서 언급한 '이용자 소유회사(user-owned firms, UOF)'라는 협동조합의 정체성은 타 조직, 특히 영리회사와의 비교를 통해 명확하게 정립될 수 있다. 일반적인 영리회사(투자자 소유회사)는 소유자인 주주에게 최대의 투자자 이익 즉 출자배당과 주가 차익을 제공하는 것을 목적으로 운영된다. 그러나 협동조합은 소유자인 조합원에게 최대의 이용자편익 즉 최선의 가격을 제공하는 것이 목적이며, 이용자편익은 영리회사와 시장 경쟁을 통해 실현된다.(신기엽, 2010)

따라서 협동조합은 조합원의 편익을 위해 경쟁 시장에서 사업을 영위하는 회사라는 점에서 공기업과 명확하게 구분된다. 공기업은 주로 경쟁이 없는 자연독점 상태의 사업을 효율적으로 운영하여 국민 대중에게 편익을 제공하지만, 협동조합은 경쟁 시장에서 사업을 영위하여 그 편익을 조합원에게 배분해 주는 것이다.

전 세계에는 우리가 평소 잘 알지 못했던 다양한 종류의 협동조합들이 많다. 스페인의 '축구 그 이상'을 표방하는 FC바르셀로나(FC Barcelona) 축구팀도 17만 명의 주민이 조합원인 협동조합이고, 스위스의 소매시장 40%를 차지하는 미크로(Migros)와 코프스위스(Coop Swiss)도 소비자협동조합이다. 또 덴마크 코펜하겐의 풍력발전기를 운영하는 미델그룬덴(Middelgrunden)발전도 협동조합이며 미국의 선키스트(Sunkist)도 캘리포니아 6,000여 오렌지 생산농가가 만든 협동조합이고 세계 4대 통신사인 AP통신사도 역시 협동조합이다. 그리고 프랑스 최대 은행인 크레디아그리콜(Credit Agricole)과 네덜란드 1위인 라보방크(Labo Bank)도 협동조합은행이다. 여기에 우리 귀에 익숙한 유럽 최대 청과물 도매회사인 그리너리(Greenery), 덴마크 양돈산업의 90%를 장악한 대니쉬 크라운(Danish Crown), 뉴질랜드의 제스프리(Zespri) 등도 모두 농민이 출자한 협동조합이다. 우리나라에서는 협동조합이 일찍이 일제 강점기부터 시작되었고, 후에 농업협동조합으로 탄생을 하였다.

일반적으로 소비자협동조합이나 노동자협동조합은 이용자인 사람을 소비자나 노동자로 조직하여 경제활동을 수행하는 반면, 농업협동조합은 농가경영체인 농장을 조직하여 사업을 수행한다. 즉 농업협동조합은 농가경영체인 '농장의 집합체(economic unit)'이며, 식품공급망의 '수직통합체(vertical integration)'라 할 수 있다. 결국, 농업협동조합은 독립경영체인 농가의 경제적 이익을 극대화할 목적으로 공동사업을 수행하기 위해 조직되었다고 볼 수 있다.

따라서 농가경영체의 수직통합체인 농업협동조합은 '지역성' 특히 농촌이라는 지역사회적 자산을 보유하게 됨으로써 지역개발 사업에 관심을 가지고 활동한다. 이러한 농촌이라는 지역성은 영리회사와 경쟁에서 협동조합이 갖는 사업경쟁력의 가장 중요한 원천이 되고 있다. 따라서 농업은 협동조합과 한 몸인 것이다.

이 사례를 철원 김화농협으로 비교하여 쉽게 살펴보자. 이곳 철원 김화농협은 조합원에게 농작물 생산에 필요한 영농자재를 공급하고 농작물 생산 후 RPC, APC를 통하여 수집, 선별, 포장, 가공 등 과정을 거쳐 소비자에게 판매하고 있다. 또 생산에 따른 자금 지원과 생산지도를 통한 수직통합체 역할을 하고 있다. 더 나아가 비무장지대인 DMZ 특수성에 있는 김화지역사회에 커다란 기여를 하고 있다. 즉 김화 지역사회의 생태·환경·안전·건강·문화·교육 등 지역주민의 생활·복지에 우리 김화농협은 밀접하게 한 몸으로 연결되어 있다.

2.

국제협동조합연맹(ICA)의 「협동조합 7원칙」과 김화농업협동조합!

글로벌화된 현대 경제의 모든 분야에서 협동조합은 다양한 형태로 활동하고 있다. 협동조합은 조합원을 위해 조합원의 부를 창출하는 것이 가장 중요한 특징이다. 또한, 협동조합은 전 세계에 부자와 가난한 사람 사이에 경제적, 사회적, 문화적, 환경적, 정치적 기여를 크게 하고 있다. 나아가 협동조합의 조합원은 서비스 이용자이며, 독립적인 사업 소유자이면서, 소비자이고 노동자로 협동조합에 참여하고 있다.

협동조합의 정체성을 보면 다음의 양면성을 갖고 있다. 첫째, 협동조합은 공통의 경제적, 사회적, 문화적 필요와 욕구를 충족시키고자 하는 사람들이 자발적으로 결성한 자율조직이며 두 번째는 이러한 필요와 욕구는 공동으로 소유되고 민주적으로 운영되는 사업체를 통하여 충족시킨다는 것이다. 참고로 이러한 협동조합의 정체성을 바탕으로 한국농업협동조합의 설립목적에 대해 한국의 농협법 1조를 보면 다음과 같다.

농업인의 자주적인 협동조직을 바탕으로 농업인의 경제적, 사회적, 문화적 지위의 향상과 농업의 경쟁력 강화를 통하여 농업인의 삶의 질을 높이고 국민경제의 균형 있는 발전에 이바지함을 목적으로 한다. (농협법1조)

협동조합은 「자조, 자기책임, 평등, 공정 그리고 연대의 가치」를 기초로 하고 있다. 협동조합 설립자들의 전통을 이어받아 협동조합의 조합원은 「정직, 공개, 사회적 책임 그리고 타인에 대한 배려」라는 윤리적 가치를 신조로 한다. 이러한 정체성과 가치를 바탕으로 ICA 국제협동조합연맹의 「원칙위원회」에서는 실천지침으로 협동조합 원칙을 정하고 있다.

여태껏 협동조합의 정체성과 가치는 불변이었지만 원칙은 꾸준히 재검토되고 새로이 해석되면서 구성되어 왔다. 예를 들면 ICA 역사에서 원칙의 수정은 세 번 이루어졌다. 「1937년 파리 총회」, 「1966년 비엔나 총회」, 「1995년 맨체스터 총회」에서 승인된 원칙이 재구성되고 다시 쓰여졌다. 비록 원칙의 수정은 세 차례 있었지만, 협동조합의 핵심은 그대로 남아 있어 협동조합의 정체성과 가치가 협동조합기업들의 일상 운영에 생명력을 불어넣고 있다.

또 협동조합 원칙은 세계 각국에 있는 다양한 종류의 협동조합에 공통으로 타당한 원리를 제시하고 있으며 각 원칙별 추상성이 높을 수 있지만, 그 자체가 협동조합 원칙이 가지는 철학적, 윤리적 의미가 있다. 일반적인 협동조합 원칙(Co-Operative Principles)은 오랫동안 국제적으로 '로치데일 원칙'으로 많이 알려져 왔다. 여기에서 로치데일 협동조합 개척자들이 결코 소유권을 주장하지 않았다는 사실만으로도 협동조합원칙의 인류애적이고 국제적인 성격을 알 수 있다.

현재 세계 금융 위기, 코로나19 등 광범위한 글로벌 환경변화에도 불구하고 협동조합 기업의 기본은 변하지 않고 있다. 이렇듯이 협동조합의 가치는 변하지 않지만, 협동조합 원칙의 적용은 경제, 사회, 문화, 환경, 정치적 변화와 도전에 맞춰 지속적으로 재평가되고 재해석, 수정되어왔다.

국제협동조합연맹(ICA)은 1995년 영국 맨체스터에서 개최된 ICA 창립 백 주년 기념총회에서 '협동조합의 정체성, 가치, 그리고 원칙에 관한 선언문'을 채택했다. 이 협동조합 정체성에 관한 선언문에 포함된 협동조합 원칙은 지난 150년 이상의 기간 동안 지속 가능한 협동조합기업의 성공적인 운영 기초에 필요한 근본 원칙들을 구성하고 있다.

이때 개정한 국제협동조합연맹(ICA) 「협동조합 7원칙」은 국제적으로 합의된 기본적인 원칙이 되었고 그 내용은 다음과 같다.

협동조합 7원칙

1. '자발적이고 개방적인 조합원 제도'
2. '조합원의 민주적인 통제'
3. '조합원의 경제적 참가'
4. '자율과 독립'
5. '교육, 훈련 및 정보제공'
6. '협동조합 간 협동'
7. '지역사회 기여'

이 중 가장 근간이 되는 원칙은 '자율과 독립'으로 협동조합이 조합원에 의한 자치조직이므로 자본과 정부의 입김, 압력으로부터 독립적이어야 한다는 점을 명시하고 있다. 조합원의 필요와 욕구를 충족시키기 위하여 「협동조합 7원칙」은 협동조합기업의 일상 지배구조와 경영에 꼭 적용되어야 한다. 이 원칙들은 비전을 가지고 각 협동조합기업이 활동하고 있는 각국의 경제적, 사회적, 문화적, 법률적, 규제적 여건과 특수성을 적절히 따르면서 반드시 적용되어야 하는 건전한 윤리 원칙이다.

이렇게 「협동조합 7원칙」에서 나타나듯이 '협동조합은 국제적으로 합의되고 인정된 정의, 가치, 원칙을 가지고 있는 유일한 형태의 기업가조직'이라 볼 수 있다.

「협동조합 7원칙」에서 중앙에 있는 제4원칙을 기준으로 보면 1-3원칙은 '협동조합의 본질'을 반영한 내용이고, 뒤의 5-7원칙은 '협동조합의 정신(ethos)'에 관한 지침이다. 협동조합의 원칙은 개별적으로 독립되어 존재할 수 없다. 즉 협동조합 원칙은 그 내용이 각각 독립적인 것이 아니라 서로 미묘하게 연결되어, 원칙들이 서로 떠받쳐 힘을 증가시키는 상호 의존성이 있기 때문이다. 따라서 어느 하나를 무시하면 다른 모든 것의 의미가 축소된다.

예를 들어 제5원칙 "교육, 훈련 및 정보제공"을 실질적으로 적용할 때 제2원칙인 "조합원의 민주적 관리"도 같이 강화되고 향상된다. 모든 원칙이 협동조합 기업의 일상 운영에 지켜지고 적용된다면 협동조합기업은 더 강해지고 지속 가능해질 것이다. 따라서 협동조합의 원칙은 배타적으로 어느 한 가지 원칙을 기준으로 판단해서는 안 되며 전체 원칙에 얼마나 충실한가를 기준으로 평가되어야 한다.

초기 협동조합 창설자들은 협동조합기업을 설립하고 성공적으로 운영하는 것 이상을 더 원했다. 즉 그들은 사회 정의와 변혁에 관심을 가졌고 사회적, 경제적, 문화적인 필요를 충족시키기 위해 공동으로 소유하고 민주적으로 관리하는 협동조합기업의 비전을 실천하려 했다. 또한, 이를 통해 사람들의 삶을 변혁시키고자 하는 열정을 가지고 있었다. 현재 21세기 협동조합기업들도 역시 협동조합의 정체성과 가치, 원칙을 실질적으로 적용하면서 더 나은 세상을 위해 나아가는 새로운 비전에 대해서도 동일한 관심과 열정을 가지고 있다.

이제까지 국제협동조합연맹(ICA)에서 개정한 「협동조합 7원칙」을 대략적으로 살펴보았다. 이렇게 길게 언급한 이유는 이를 바탕으로 발전한 한국농업협동조합의 원칙과 그 위에 제정된 농협법의 흐름을 더 자세히 파악하기 위해서다.

위의 ICA 국제협동조합연맹의 원칙 안내서의 내용에 대해, 한국농업협동조합을 적용해 보면 한국에서는 먼저 법으로 「농협법」을 제정하였다. 이 「농협법」은 헌법 제119조와 제123조에 근거하여 제정되었다. 자세히 살펴보면 헌법 제119조(경제 질서의 기본, 규제와 조정) ②항에는 "국가는 균형 있는 국민경제의 성장 및 안정과 적정한 소득의 분배를 유지하고, 시장의 지배와 경쟁력의 남용을 방지하며, 경제 주체 간의 조화를 통한 경제의 민주화를 위하여 경제에 관한 규제와 조정을 할 수 있다." 라는 내용이 나와 있다.

그리고 제123조(농어촌종합개발과 중소기업의 보호 육성) ⑤항에서는 "국가는 농·어민과 중소기업의 자조조직을 육성하여야 하며, 그 자율적 활동과 발전을 보장한다."라는 내용이 나와 있다. 이러한 헌법에 근거하여 「농협법」이 탄생하게 되었고 이를 토대로 한국의 「농업협동조합」이 설립되었다.

그렇다면 이제 시선을 안으로 살펴보자.

국제협동조합연맹(ICA)의 「협동조합 원칙 안내서(Guidance Notes to the Co-operative Principle)」에 있는 「협동조합 7원칙」의 내용을 바탕으로 한국 최북단 접경지역에 있는 산지농협인 김화농업협동조합에서는 어떻게 적용을 하고 있을까? 먼저 ICA의 「협동조합 7원칙」의 내용을 구체적으로 항목 하나하나 자세히 들여보면서 이곳 철원 김화농업협동조합의 사례를 바탕으로 이 원칙들이 어떻게 적용되고 있는가를 살펴보겠다.

제1원칙 : 자발적이고 개방적인 조합원 제도(Voluntary and Open Membership)

> '협동조합은 자발적 조직으로 성적, 사회적, 인종적, 정치적, 종교적 차별을 두지 않고 협동조합의 서비스를 이용할 수 있고 조합원으로서 책임을 다하는 모든 사람에게 개방된다.'라는 원칙이다.
>
> (Co-operatives are voluntary organizations, open to all persons able to use their services and willing to accept the responsibilities of membership, without gender, social, racial, political or religious discrimination.)

협동조합조직의 근본적 존재 이유는 가입 조합원에게 최상의 서비스를 제공하기 위함이다. '조합원이 협동조합을 민주적으로 운영한다.'는 정체성은 협동조합과 주식회사를 구분하는 커다란 표식이다. 즉 조합원으로 구성된 협동조합은 소비자·투자자·경영자가 상호분리 되어있는 주주 소유 또는 공동출자 투자자 소유의 기업과는 확연히 구분된다. 협동조합은 이용자가 주도하는 조직체로서 구성원 공동의 경제적·사회적·문화적 필요와 욕구 충족을 위해 설립되고 소유되며 운영된다.

이 원칙에 근거하여 우리 김화농협도 조합원 가입은 그 누구의 강요에 의해 이루어지지 않고 있으며, 최근 들어서는 도시에서 귀농한 분, 청년 농업인, 여성분들의 가입이 차츰 증가하는 상황이다. 김화농협 정관 제10조(가입) ④항을 보면 "조합은 정당한 사유 없이 조합원 자격을 갖추고 있는 자의 가입을 거절하거나 다른 조합원보다 불리한 가입 조건을 달 수 없다."라고 되어있다.

2020년 말 기준 김화농협의 조합원은 2,058명이다. 그 구성을 보면 남자조합원 1,533명(74%), 여자조합원 524명(26%)으로 남자조합원 비중이 높다. 그리고 60대 이상 조합원 비중이 68%로 노령화 비율이 높아 건강한 조합이 되기 위해서 여성조합원 확대와 젊은 층의 농촌 유입이 중요하다.

구분	20대	30대	40대	50대	60대	70대	80대	90대	계	성비(%)
남자	10	43	108	329	541	322	173	7	1,533	74%
여자	0	2	39	112	163	130	73	5	524	26%
법인									1	
계	10	45	147	441	704	452	246	12	2,058	
%	0.5	2.2	7.1	21.4	34.2	22	12	0.6		100%

(김화농협 제공)

조합원으로서 책임과 의무라는 관점에서 보면 '조합원 가입은 자유로우나 협동조합 가입에 따른 의무는 철저히 이행해야 한다'라는 뜻을 포함한다. 즉 '의무'란 관련 책임 또는 어떤 것에 대한 관리권을 갖게 됨을 뜻한다. 나아가 투표권 행사, 회의 참석, 협동조합 이용, 출자 등도 포함하고 있다. 모든 농협의 조합원이 의무적으로 조합을 통해 농산물을 출하하고, 농자재를 구매하면 협동조합은 시장 영향력이 더욱 증대되므로 협동조합 경쟁력이 비약적으로 강화될 수 있다.

그러나 일부 조합원들이 조합 이용자로서 권리와 의무를 토대로 조합 사업과 운영에 적극적으로 참여하기보다 무임승차자(free rider)로서 조합으로부터 혜택만 받으려는 경향이 있다. 이는 조합원의 의식보다 수혜자로서의 의식(recipient mentality)을 더 앞세우는 것이다. 즉 조합원들이 협동조합을 압력 단체(pressure group)화하여 외부로부터 제공되는 이익이나 혜택의 확대를 추구하는 도구로 조합을 이용하는 것에 불과하다.

농협의 공선출하회에 가입한 농가들이 탈퇴하고 타법인으로 이동하거나, 자재사업이나 농산물 출하를 조합을 이용하지 않고 직접 상인들과 거래를 하는 경우가 종종 발생하고 있다. 이것은 농협에도 여러 원인이 있지만, 근본적으로 조합원으로서 농협 사업이용에 대한 책임과 의무를 회피하는 것이다.

그리고 조합원 가입 시 기본출자금이 100만 원에 불과하지만, 조합사업을 이용하지 않아도 조합원 장학금으로 100만 원을 지원받을 수 있고, 조합원 건강검진을 4년에 한 번씩 제공받을 수 있다는 유익한 점 때문에 이를 위해 가입하는 조합원도 일부 있다.

이러한 무임승차 문제는 김화농협 조합원에 한정된 것이 아니라 타 협동조합에서도 조합원의 권리와 의무에 관한 문제가 많이 나타나고 있다. 이러한 문제점을 해소하기 위해서 '제5원칙 조합원 교육'이 매우 중요하며 반드시 실행되어야 한다.

그래서 제1원칙은 제2원칙, 제5원칙과 매우 밀접한 관계가 있다. 왜냐하면 조합원이 그 뜻을 제대로 알고 조합원, 선출직 임원, 경영자, 직원들 간에 의사소통이 효과적이고 원활히 이루어질 때 이 원칙이 제대로 관철될 수 있기 때문이다. 조합원은 자신의 의사가 전달된다고 확신할 때 참여의식을 갖게 된다. 이를 위하여 임원이나 실무책임자, 직원들은 종교적, 정치적 신념, 사회적 배경, 성, 문화와 관계없이 조합원을 충분히 이해할 수 있는 업무 역량과 자세를 갖추어야 한다.

제2원칙 : 조합원의 민주적 관리 (Democratic Member Control)

협동조합은 조합원에 의해서 관리되는 민주적인 조직으로서 조합원은 정책 수립과 의사결정에 적극적으로 참여한다. 선출직 임원은 조합원에게 책임을 지고 봉사한다. 선출직 남녀 대표들은 조합원에게 봉사할 의무를 진다. 1차 협동조합에서 조합원은 동등한 투표권을 가지며(1인 1표) 연합단계의 협동조합도 민주적인 방식으로 조직된다.

(Co-operatives are democratic organizations controlled by their members, who actively participate in setting their policies and making decisions. Men and women serving as elected representatives are accountable to the membership. In primary co-operatives members have equal voting rights (one member, one vote) and co-operatives at other levels are also organized in a democratic manner.)

민주적 관리는 협동조합 운동의 초창기부터 협동조합 모델의 핵심적 특징이다. 이 원칙은 특히 협동조합 운영의 근간을 이룬다. 조합원의 자발적이고 자유로운 조직에 대한 권리 실행에 따라 민주적 절차가 합의되고, 이러한 근거에 따라 행동하는 조합원은 협동조합 운영의 권리를 부여받는다.

'협동조합은 적극적으로 정책 수립과 의사결정에 참여하는 조합원에 의해 관리되는 민주적 조직체이다.'라는 뜻은 협동조합을 관리하는 주체가 조합원이라는 것을 강조하고 있다. 그러므로 민주적 조직체의 결정적 특징은 조직에 대한 권한이 궁극적으로 조합원에게 있다는 것을 말한다.

이런 원칙을 받들어 조합원에 의한 민주적 관리 원칙을 실행하기 위해서는 토론을 억누르는 것이 아니라 활발히 독려하는 문화가 정착되어야 한다. 활발한 토론은 조합원이 적극적으로 활동하고 조합선거에 스스로 입후보할 수 있도록 독려하는 협동조합 민주주의의 건강성을 나타내기 때문이다. 그런데 토론을 하다 보면 오직 조합원 본인의 이야기만 하는 경우가 종종 있다. 이런 토론회에서는 유익하고 발전적인 열매를 맺기 어렵다. 활발한 토론의 질적 향상을 위해서 협동조합 5원칙인 교육, 훈련, 정보제공 원칙에 따라 조합원은 그들이 조합원으로서 부여받은 권리와 책임에 대해 교육을 반드시 받아야 한다. 또한, 협동조합의 민주적 관리에 의해 이에 따른 올바른 정보도 제공받을 수 있어야 한다.

이곳 김화농협에서도 최고 의사결정기구로는 대의원 총회가 있으며 매월 이사회가 개최되어 조합원의 다양한 요구들이 정책에 성실히 반영되고 있다. 김화농협의 총회는 정관 제31조 "총회는 조합원으로 구성하며, 조합장이 의장이 된다. 총회는 정기총회와 임시총회로 이를 구분한다."를 기초로 한다. 그리고 정관 제46조(대의원회) "①조합은 총회를 갈음하는 대의원회를 둔다. ②대의원회는 조합장을 포함한 대의원 80명(여성 대의원 12명을 포함한다)으로 구성하며 조합장이 그 의장이 된다."를 포함하고 있다.

더 자세히 살펴보면 이사회는 조합 정관 제48조(이사회)에서 "①조합에 이사회를 둔다. ②이사회는 조합장을 포함한 이사로 구성하며, 조합장이 소집하고 그 의장이 된다."라고 명시되어 있다. 제51조에서는 '임원의 정수는 조합장 1명, 상임이사 1명, 조합원인 이사 9명, 조합원이 아닌 이사 1명, 감사 2명으로 이사회가 구성되고 조합원 자격 심사 및 가입승낙, 법정적립금 사용, 차입금 최고 한도, 간부직원 임면 등의 사항에 대해 의결을 한다.'라고 되어있다.

따라서 각 이사들은 해당 지역에 대해 다양한 조합원의 의견을 수렴하여 이사회에 제시하고 이를 조합사업에 적극적으로 반영하는 등 민주적 관리를 하고 있다. 또한, 김화농협의 선출직 대표인 조합장은 운영의 공개를 통하여 총회나 각종 회의에서 분기별 활동 사항과 정기 재무제표, 사업성과 보고서 등을 보고하고, 조합원이 언제든지 열람할 수 있도록 공개를 하고 있다.

김화농협은 임원선거 사무를 관리하기 위하여 독립된 「선거관리위원회」를 설치하고 있다(정관 제65조). 선거관리위원회 구성은 일반 조합원과 선거의 경험이 풍부한 자 중에서 7명을 위촉하여 구성한다. 이러한 선거관리위원회는 개방적이고 투명한 방법을 통하여 조합원의 주체적인 의지가 표명되도록 하기 위함이다.

여기에 조합의 업무와 재산의 집행을 감사하는 2명의 감사기구가 있다. 정관 제52조 ④항에 의거 "감사는 조합의 재산과 업무 집행상황을 감시하고, 전문적인 회계감사가 필요하다고 인정되는 때에는 중앙회에 회계감사를 의뢰할 수 있으며, 조합의 재산 또는 업무집행에 관하여 부정한 사실이 있는 것을 발견한 때에는 총회에 이를 보고한다."라고 감사의 업무를 나열하고 있다. 감사보고서 및 권고사항은 총회에서 승인되고 모든 조합원에게 공개되고 있다.

그리고 협동조합의 주요 이해관계자로서 협동조합에 기여하고 성공을 바라는 직원에 대해서는 조합원과 이해관계자의 민주적 권리를 침해하지 않는 범위 내에서 직원에게 발언권을 부여하는 것도 매우 중요하다. 그뿐 아니라 장기적인 사업 전략과 이사회에 대한 책임, 경영일반 등 일상적 경영을 위임받은 고위 전문경영진의 역할에 대해 분명한 이해가 필요하다. 여러 협동조합의 고위간부는 협동조합 경영에 따른 의사결정을 지원하면서 조합원에 의한 민주적 관리 원칙을 실질적으로 실행하고 존중하는 것을 보여 주어야 한다. 또한, 조합의 주요한 전략과 정책 결정에 대해서 조합원이 쉽게 이해할 수 있도록 명확하면서도 간결한 대안을 제시하고 설명할 수 있어야 한다.

그리고 협동조합에서 선출된 임원은 민주적인 방법으로 새로운 인물로의 지속적인 교체가 이루어져야 바람직하다. 협동조합의 이사회가 구성원 변동 없이 장기간 계속되는 경우 새로운 환경변화를 거부하거나 경영 환경변화에 대한 능동적 대처 능력을 상실하는 위험성을 가질 수 있다. 그래서 조합 정관 제55조(임원의 임기)에서 조합장과 조합원인 이사 임기는 4년, 상임이사, 사외이사는 2년, 감사의 임기는 3년으로 정하고 있다.

이곳 김화농협도 제2원칙인 '조합원의 민주적 관리'를 김화농업협동조합의 현실에 맞게 대의원회, 이사회 등을 통하여 효과적으로 적용하고 있다. 만약 민주적 관리를 하지 못하면 김화농협의 협동조합 정체성의 핵심을 모두 잃어버릴 수 있다.

제3원칙 : 조합원의 경제적 참여(Member Economic participation)

조합원은 협동조합의 자본조달에 공정하게 참여하며 자본을 민주적으로 관리한다. 최소한 자본금의 일부는 조합의 공동재산으로 한다. 출자배당의 경우 조합원은 출자액에 따라 제한된 배당금을 받는다. 조합원은 잉여금을 다음의 목적으로 일부 또는 전체 모두를 위해 할당한다. (1) 협동조합의 발전을 위하여 잉여금 일부를 유보금으로 적립 발전, (2) 조합원의 사업이용 실적에 비례한 편익제공, (3) 조합원이 승인한 다른 활동 지원.

(Members contribute equitably to, and democratically control, the capital of their co-operative. At least part of that capital is usually the common property of the co-operative.
Members usually receive limited compensation, if any, on capital subscribed as a condition of membership. Members allocate surpluses for any or all of the following purposes: developing their co-operative, possibly by setting up reserves, part of which at least would be indivisible; benefiting members in proportion·to their transactions with the co-operative; and supporting other activities approved by the membership.)

조합원의 경제적 참여는 조합원이 협동조합 자본조달에 공정하게 참여하며 자본을 민주적으로 관리하는 것뿐만 아니라 조합원이 협동조합 사업을 적극 이용하여 받는 이용고배당도 포함된다.

국제협동조합연맹(ICA)에서는 협동조합을 '공동으로 소유하고 민주적으로 운영되는 기업이지만 경제적·사회적·문화적 필요를 충족시키기 위해 자발적으로 조직된 인적 자율조직'으로 정의한다. 이 정의는 개별적으로 소유되거나 투자자가 소유하는 주식회사의 주식과 조합원 출자의 가치 간의 차이를 명확히 구분하고 있다. 협동조합의 조합원 출자는 조합원의 필요와 욕구를 충족시키기 위해 사업활동에 공동자본으로 협동조합에 투자된 것으로 시장에 거래되지는 않는다.

협동조합의 조합원 출자금은 협동조합이 지속해서 사업을 보증하는 자기자본의 원천 역할을 한다. 중요한 것은 협동조합은 투자한 자본금에 대한 수익 창출 목적보다는 조합원의 필요 충족을 목적으로 존재한다는 것이다. 조합원이 출자한 자본은 자본수익을 올리기 위해 투자된 자금이 아니라 공정한 가격으로 조합원이 필요로 하는 상품, 서비스, 고용을 제공하기 위해 투자된 공동자본이다. 즉 조합원의 출자금은 이중적 성격을 갖고 있다. 출자금은 투표권을 제공하고 조합사업에 필요한 운영자본에 사용된다.

모든 협동조합은 지속적으로 잉여를 창출하고, 조합원이 사업에 출자한 자본과 유보금의 가치를 유지하여 조합원의 사회적·경제적·문화적 수요와 열망을 충족시켜야 한다. 이러한 협동조합이 창출한 잉여금 활용에는 다섯 가지 방안이 있다.

① 협동조합 발전을 위하여 최소한 분할 불가의 유보금 적립 : 총회에서 조합의 장기 생존을 확보하기 위해 충분한 수준으로 결정된 잉여금은 조합사업 강화와 발전을 위해 사용되어야 한다.

② 조합 기반시설의 현대화와 인적 자원향상을 위한 재투자 : 조합원, 직원, 고객에 대한 교육과 연수는 실질적인 무형의 인적 자본을 강화하므로 투자가치가 있다.

③ 협동조합 경제의 다각화를 위하여 협동조합의 새로운 활동 개발에 사용한다

④ '이용실적배당'으로 불리는 조합원 참여에 비례하여 분배되는 조합원 배당에 사용에 한다

⑤ 협동조합이 속한 지역사회에 공헌하기 위한 사회적·문화적 활동과 조합원이 승인한 활동에 지원한다.

위의 다섯 가지 잉여금 활용방안은 모두 국제협동조합연맹(ICA)의 해석으로 국가별로 협동조합의 회계 규정이 다르지만, 적용방법에 대한 내용은 크게 차이가 없다. 이에 기초한 우리 김화농협의 정관에 나타난 조합원 가입을 위한 출자금과 적립금 방법을 보면 다음과 같다.

- 정관 제18조 출자 1좌의 금액은 5천 원으로 한다. 조합원은 200좌 이상의 출자를 하여야 하지만 1만 좌를 초과해서는 안 된다. 즉 조합원의 기본 출자는 100만 원, 최고 출자 한도는 5천만 원이다.

- 정관 제24조 법정적립금에 따르면 조합은 매 회계연도 손실보전과 재산에 대한 감가상각에 충당하고도 남으면 자기자본의 3배가 될 때까지 매 회계연도 잉여금의 100분의 10 이상을 적립한다.

- 정관 제25조 이월금은 교육·지원 사업 비용에 충당하기 위하여 매 회계연도 잉여금의 100분의 20 이상의 금액을 다음 회계연도에 이월한다.

- 정관 제26조 임의적립금은 매 회계연도 잉여금에서 법정적립금과 이월금을 빼고 나머지가 있을 때 100분의 20 이상을 사업준비금으로 적립한다. 사업준비금을 적립하고 나머지가 있을 때는 이를 유통손실보전자금과 유통시설투자를 위한 경제사업 활성화 적립금으로 추가 적립한다.

이 기준에 맞춰 김화농협의 2020년도 총회 결산 승인 시 이익잉여금처분은 법인세 차감 후 손익 13억4천만 원, 전기이월금 9천만 원으로 미처분이익잉여금은 14억3천만 원이다. 이를 정관 기준에 맞게 법정적립금 10%인 1억4천만 원, 법정이월금 20%인 2억8천만 원, 사업준비금 20%인 2억8천만 원, 사업활성화적립금 2억9천만 원으로 전체 내부적립 합계는 10억1천만 원이다. 여기에 출자배당금 2억2천만 원, 이용고배당금 2억 원으로 배당금 총액은 4억2천만 원이다.

현재 조합원 평균 출자금이 320만 원으로 기본출자금이 너무 낮다는 의견이 있는데 조합원 가입 시 조합서비스를 필요로 하는 모든 이들에게 금전적으로 감당할 수 있는 정도의 기본출자금이 되어야 제1원칙 개방적인 조합원 제도에 어긋나지 않는다. 그러나 시대 상황이 많이 변하고 경제가 발전하였으므로 타조합 보다 현저히 낮은 출자금은 각 조합별 상황에 맞게 기본출자금 인상에 대한 검토도 필요하다고 본다.

제4원칙 : 자율과 독립 (Autonomy and Independence)

> 협동조합은 조합원들에 의해 관리되는 자율적인 자조 조직이다. 협동조합이 정부 등 다른 조직과 협약을 맺거나 외부에서 자본을 조달하고자할 때는 조합원에 의한 민주적 관리가 보장되고 협동조합의 자율성이유지되어야 한다.
>
> (Co-operatives are autonomous, self-help organizations controlled by their members. If they enter into agreements with other organizations, including governments, or raise capital from external sources, they do so on terms that ensure democratic control by their members and maintain their co-operative autonomy.)

제4원칙인 자율과 독립은 협동조합원칙이 개정된 1995년에 특별원칙으로 처음 도입되었다. 자율적이고 독립적인 조직으로서 협동조합은 19세기 지속가능한 협동조합기업이 태동한 이래로 협동조합 정체성의 중심이 되어온 자립, 책임, 민주에 관한 협동조합 가치를 가장 중요한 뿌리로 두고 있다.

협동조합은 정부와의 관계에 큰 영향을 받는다. 정부가 협동조합의법적·제도적인 틀을 정하기 때문이다. 정부가 정한 틀은 협동조합에 공정한 조세제도와 경제적·사회적 정책인지 아닌지에 따라 협동조합에 도움이 되기도 하고 저해 요인이 되기도 한다. 이 때문에 협동조합은 정부와의 관계에서 협동조합의 본질과 장점, 경제적·사회적 효과에 대해 알리고 공개적이고 투명한 관계를 유지하도록 노력해야 한다.

2001년 12월 UN 총회에서는 회원국들에 협동조합 발전을 위해 우호적인 환경을 조성하도록 지침을 만들었다. 즉 '협동조합이 본연의 목적을 달성하도록 협동조합에 우호적인 환경을 확보하고 협동조합의 가능성을 보호하고 발전시킬 수 있게 협동조합 활동을 관리하는 적절한 법률과 정책을 지속적으로 검토하도록 회원국들에게 권장한다.'라는 결의문이 채택된 것이다.

협동조합이 정부를 비롯한 외부 기관과 협약을 체결할 때 꼭 지켜져야 할 사항은 협동조합의 자율성을 손상시키는 협약 체결로 인해 협동조합의 독립성과 조합원의 민주적 관리권을 위태롭게 해서는 안 된다는 것이다.

우리 김화농협은 정부로부터 지원이 있는 경우에도 협동조합의 자율성이 침해되지 않고 조합원의 이익에 도움이 되도록 성실히 추진하고 있다. 예를 들어 APC의 경우 정부의 시설 보조를 받고 건축을 하여 공선 참여농가는 실비에 의한 수수료를 받고 선별을 하고 있다. 그뿐만 아니라 중앙정부, 도청, 군청 등과 협력하여 벼 공동방제 사업, 액비지원사업, 볏짚 썰어넣기 사업 등을 통하여 협동조합의 독립성과 자율성을 지키며 조합원에게 더 많은 혜택이 돌아가도록 하고 있다.

제5원칙 : 교육, 훈련 및 정보제공(Education, Training and Information)

협동조합은 조합원, 선출직 임원, 경영자, 직원들이 협동조합 발전에 효과적으로 기여하도록 교육과 훈련을 제공한다. 협동조합은 시민 특히 청소년과 여론주도층에게 협동조합의 본질과 혜택에 대한 정보를 제공한다.

Co-operatives provide education and training for their members, elected representatives, managers, and employees so they can

초기 로치데일 협동조합운동가들이 "일정 비율의 이익을 교육에 사용한다."라고 행동규약을 만들었듯이 교육은 협동조합 설립원칙의 하나이다. 창의적 근원이 되는 협동조합 운동을 하려면 반드시 협동조합 원칙을 이해하고 이를 오늘날과 같이 빠르게 변화하는 세계에 적용하는 법을 배워야 한다. 실제적인 경험을 통해 비공식적 학습과 공식적인 학습을 결합하는 것은 오늘날 성공적인 협동조합 설립에 필수적이다.

협동조합의 교육은 조합원이나 선출직 임원, 경영자와 직원 등 내부뿐만 아니라 외부로도 향하고 있다. 따라서 협동조합의 본질과 혜택에 대해 일반 대중에게도 알려야 하고, 특히 청소년과 여론주도층에게 알리는 것이 매우 중요하다. 왜냐면 이를 통해 건강한 사회를 만드는 데 큰 영향을 주기 때문이다.

위의 제5원칙 내용을 자세히 살펴보면 다음과 같다.

첫째 '교육'은 협동조합의 원칙과 가치를 이해하고 이 원칙과 가치를 협동조합의 일상업무에 어떻게 적용할지 알아가는 것이다. 협동조합 교육은 조합원, 임원, 경영자와 직원들이 협동조합적 사고와 행동 그리고 그 사회적 영향의 복잡성과 풍성함을 충분히 이해하도록 하는 것이다.

이렇게 협동조합의 성장과정에서 배운 기술과 타 조합원에 대한 이해, 일반 사회를 통해 얻은 통찰력을 바탕으로 개인은 타인과의 협동을 통해 큰 발전을 이루어 갈 수 있다. 이런 점에서 협동조합은 평생교육과 관련된 모든 이들의 발전을 증진시키는 중요한 교육기관의 장이다. 협동조합에서 하는 평생교육은 조합원들에게 지식과 기술을 개발 할 수 있도록 하여 삶을 다른 측면으로 이전시킬 수 있도록 도움을 준다. 따라서 협동조합은 지속적으로 조합원들에게 사업 정보를 제공할 뿐 아니라 협동조합의 정체성과 가치, 글로벌 협동조합 가족에 대하여 배울 수 있는 통로를 제공해야 한다.

둘째 '훈련'은 조합원과 직원들이 효율적이고 윤리적으로 협동조합을 경영하고, 각자의 협동조합 사업을 책임 있고 투명하게 민주적으로 관리할 수 있도록 훈련을 하는 것이다.

셋째 '정보제공'은 조합원뿐 아니라 시민, 청년, 여론주도층에게 협동조합의 가치와 원칙에 근거한 협동조합의 본질과 혜택에 대해 알리는 것이다.

조합원과 직원들에게 협동조합의 목적·정책·활동 등을 제대로 교육하고 이해를 시킨다면 협동조합 사업을 보다 적극적으로 이용하게 될 것이고 충성도는 높아질 것이다. 그뿐 아니라 협동조합이 위기에 처했을 때 그들은 큰 자산이 되고 협동조합을 끝까지 지킬 것이다. 또한, 개인적인 불만표출 보다는 협동조합 발전에 필요한 건설적인 비판과 제안을 할 것이다.

현재 우리 김화농협은 신규조합원에 대한 교육, 대의원 교육, 이·감사 교육, 직원 교육 등 조합원과 임직원에게 다양한 교육을 제공하고 있다. 그리고 품목 교육, 장수대학, 주부대학 등을 통해 평생교육의 장을 펼쳐 나아가고 있다.

농업과 협동조합의 중요성에 대해 철원 관내뿐 아니라 우리 사회의 지도자급 인사들에게도 지속적인 홍보를 하고 있다. 지난 2년 동안 매월 직원들에게 조합 현황과 협동조합, 경제 등을 교육하면서 조금씩 바뀌는 행동의 변화들이 감지되고 있으며 나아가 김화농협의 미래와 비전을 향해 나아가는 직원들의 빛나는 눈동자를 느낄 수 있다.

제6원칙 : 협동조합 간 협동(Co-operation among Co-operatives)

> 협동조합은 지방, 국가, 지역, 국제적인 조직들과 함께 일함으로써 조합원에게 가장 효과적으로 봉사하고 협동조합 운동을 강화한다.
>
> (Co-operatives serve their members most effectively and strengthen the co-operative movement by working together through local, national, regional and international structures.)

본 원칙은 협동조합 간 연대의 가치를 실질적으로 표현한 것으로 두 가지 관점을 보여 준다. 첫째, 협동조합은 상품과 서비스를 교환하는 경제 주체라는 것이다. 둘째, 협동조합이 사업을 영위하는 데 있어 다른 협동조합과 긍정적 상호관계를 맺는 조합원들의 사회적 실체라는 점이다. 보통 일반인은 협동조합에 출자금을 납입함으로써 조합원이 되는데 이는 자신들의 협동조합뿐 아니라 보다 넓은 의미에서 협동조합 운동을 건설하는 데 참여하는 것이다.

나아가 치열한 시장 경쟁에서 소수를 위한 개인적 부가 아니라 다수를 위한 부를 창조하기 위하여 타 협동조합과의 협동은 꼭 필요하다.

또한, 제6원칙은 협동조합 연대의 가치와 가장 밀접하게 관련되어 있다. 협동조합은 함께 할수록 서로가 더욱 빛을 발한다. 협동조합은 서로 협력함으로써 인지도, 지속가능성, 영향력을 강화할 수 있고, 특히 고정비용과 자원을 공유할 수 있는 분야에서 필요한 전문성과 규모화 그리고 지원을 얻을 수 있다.

협동조합 간 협동은 지방, 국가, 지역, 국제적 차원의 조직을 통해 이루어진다. 즉 제6원칙은 간헐적 협업이 아니라 지속적 협력에 대한 것이다. 하나의 목적을 위해 서로 비슷한 일을 한다는 면에서 협업(Collaboration)과 비슷하지만, 협동(co-operation)은 공동의 목표를 실현하기 위한 보다 적극적인 헌신과 장기적인 참여를 의미한다.

협동조합 간 협동을 할 때 협동조합들은 여러 종류의 도전에 직면할 수 있다. 이럴수록 더욱 민주적 연대를 통해 공동의 욕구를 충족시켜야 하므로, 조합원들이 배타적이지 않도록, 협동조합 내부관계를 개선하고, 그들이 속한 협동조합 요구와 염원을 넘어선 영역까지 바라볼 수 있는 능력을 키워야 한다.

이제 더 구체적으로 협동조합 간 협동의 특징과 장점을 알아보자.

첫째, 협동조합연합회에 가입함으로써 소규모 협동조합들이 힘과 자원을 얻게 되고 연구개발의 혜택도 받을 수 있다. 나아가 국내외 보조금 또는 차관을 통해 재무적 협동을 이루어 나갈 수 있다.

둘째, 지역적이든 국제적이든 다양한 규모의 협동조합 간 무역과 컨소시엄, 파트너십은 협동조합경제를 강화할 수 있다. 협동조합 간 무역은 공동구매, 타 협동조합과의 공급망 계약 등을 포함한다.

셋째, 타 부문 협동조합 간 협동은 상품 및 서비스 구매, 교차 홍보, 공동마케팅, 조합원 및 직원 대상 공동 협동조합 교육과 훈련 등을 통해 이루어진다.

지금까지 제시한 이러한 협동조합 간 협동은 오늘날의 거스를 수 없는 시대적 사명이며 강력한 트렌드의 물결이다. 우리 김화농협도 관내 농협뿐 아니라 강원도, 전국 단위농협과 함께 협동하고 있다. 또 중국, 베트남, 미얀마 협동조합 관련자들이 직접 와서 함께 사업 및 운영에 관한 사항들을 교류하고 있다. 나는 앞으로 김화농협 산지유통센터(APC)를 통해 일본으로 수출하고 있는 파프리카, 토마토가 이웃 나라 일본농협, 일본 생협뿐 아니라 중국 공소합작총사, 필리핀 농업협동조합, 태국 농업협동조합, 베트남농업협동조합과 교역하는 날이 빨리 오기를 기대해 본다.

제7원칙 : 지역사회에 대한 기여(Concern for Community)

> 협동조합은 조합원의 동의를 얻은 정책을 통해 그들 지역사회의 지속 가능한 발전을 위해 노력한다.
>
> (Co-operatives work for the sustainable development of their communities through policies approved by their members.)

1966년 ICA 총회에서 "협동조합은 조합원과 지역사회를 위해 서로 협동해야 한다."라는 제6원칙의 일부에서, 1995년 맨체스터 총회에서도 지역사회에 대한 기여를 제7원칙으로 정하였다. 초창기 협동조합 선구자들은 교육과 사회, 문화적 활동 등을 제공함으로써 지역사회에 많은 기여를 해왔다. 협동조합은 지역사회 구성원들에게 개방되어 있고, 우리들의 일상 삶에서 스스로 도울 수 있도록 운영되고 있다. 따라서 모든 협동조합은 민주적으로 소유되고 운영되어야 하며 조합원들과 사업을 수행하는 지역사회 전체에 이득이 되게끔 성공적이고 지속 가능한지를 스스로 질문하여야 한다.

1992년 도쿄에서 열린 ICA 총회는 「협동조합과 환경」이라는 특별 보고서를 발간하였다. 그리고 1995년 ICA 창립 100주년이 되는 해 인류발전을 위한 협동조합 대회의 결론은 "협동조합이 조합원 교육이나 기관 활동에 있어 환경 문제를 우선시해야 한다."라는 것을 재확인하였다. 이것은 환경보호를 포함한 협동조합의 "지역사회 기여" 원칙이 채택된 것이다.

지속 가능한 발전(SDGs, Sustainable Development Goals)의 개념은 경제·사회·환경적 혜택을 통해 현세대와 미래세대의 생활여건을 향상하고, 평화로운 공존과 사회적 유대감, 사회 정의, 사회 진보에 기여하며 나아가 자연 생태환경을 보호하는 것을 의미한다.

최근 지구온난화에 따라 쌀, 과수 등 농산물의 적지가 북쪽으로 이동하고 있는데 기후변화에 따라 금년도 5월에는 비가 18일이나 내렸다. 이러한 기후변화는 농산물의 산지 변화와 식량안보에 큰 영향을 미치고 있다. 이제 농협도 기후변화에 따른 지구온난화, 환경 문제에 앞장서 노력해야 한다. 이에 대한 실천으로 김화농협에서는 「농약 빈 병 수거함」 설치를 하였고 주변 환경 정리, 깨끗한 마을 가꾸기 등 캠페인을 통하여 아름답고 멋진 천혜의 비무장 지대(DMZ) 생태를 만들어 가는데 기여하고 있다. 그리고 지역사회 발전을 위해 불우이웃 돕기, 연탄 배달, 각종 재해 시 긴급복구 지원 등 김화지역 발전을 위해 노력하고 있다. 그뿐 아니라 학생들에게 장학금을 지원하여 미래의 주인공인 다음 세대를 키우고 있다.

지금까지 다양한 협동조합 원칙들을 다시 한번 살펴보니 무척 감회가 새롭게 느껴진다. 나는 지난 30여 년 근무했던 농협중앙회를 퇴직하고 이곳 철원김화농협에 와서 협동조합 창설자들의 전통처럼 김화농협의 정체성, 가치, 원칙을 만들고 적용하려고 많이 노력하였다. 더 좋은 협동조합, 조합원을 위한 협동조합뿐만 아니라 지역사회를 품고 발전시킬 수 있는 큰 그림의 협동조합을 꿈꾸고 싶다. 특히 북한의 오성산을 매일 바라보며 평화적 경제교류와 통일 후의 멋진 '김화농업협동조합'의 미래를 자주 상상해 본다.

3.

한국의 협동조합은
어떻게 태어나게 되었는가?

지금까지 ICA 「협동조합의 원칙」에 대해 상당한 지면을 할애하였다면 이제 그 주체인 한국의 협동조합이 어떻게 태어났고, 어떤 변화의 과정을 지나 발전하게 되었는지 살펴보겠다. 그 역사적 변천과 이에 따른 농협법의 제정과정을 같이 살펴보는 것도 유익하리라 본다.

일제 강점기 '금융조합', '산업조합' 중심의 왜곡된 협동조합 운동

한국의 협동조합 역사는 일제 강점기로 거슬러 올라간다. 1907년 5월 「지방금융조합규칙」이 제정되어 외형상 라이파이젠 방식의 농촌신용협동조합을 표방한 '지방금융조합'이 설립되었다. '지방금융조합'은 일제 식민정책의 수행을 위한 관제조합으로 총독부의 철저한 감독하에 조직이 급격히 확대되었다. 1933년 금융조합의 급속한 사업확대에 따라 전국적 조직인 '조선금융조합연합회'가 설립되었다. '조선금융조합연합회'는 723개의 금융조합, 63개의 산업조합을 회원으로 하여 7,800여 명의 직원으로 구성된 거대한 조직체가 되었다.

1945년 당시 '금융조합연합회' 산하에 912개소의 단위조합에서 사업확충을 위하여 구매·판매사업을 하였고, 이를 담당할 하부조직으로 식산계(殖産契) 3만4,345개를 조직하여 전시에 양곡의 공출과 일용품을 배급하였다. 그러나 일본제국주의는 중·일전쟁과 태평양전쟁을 하는 동안 금융조합을 전시 저축동원기관과 전비조달을 위한 국채인수 기관으로 전락시키고 말았다. 결국, 일본 제국주의의 식민지 관부인 조선총독부가 창안해 낸 가장 효율적인 금융지배의 수탈기관이 되어버린 것이다.

'금융조합'은 해방 후 1946년에는 생활필수품의 구매·보관·배급 등의 업무대행을, 1949년에는 대한농회의 비료조작업무와 대한식량공사의 정부양곡 조작 등의 업무를 대행하면서 경영을 유지하였다. 후에 1956년 '농업은행'이 설립되면서 금융조합 재산이 '주식회사 농업은행'으로 인수되고 이어 해산이 되어 버렸다.

그리고 일제 조선총독부는 현재 경제사업 부문의 '산업조합'과 지도사업을 하는 '농회'를 설립하였는데 이것은 일제 총독부의 행정을 보좌하는 역할수행과 농업인의 압력단체로 자리 잡게 하였다. 지도사업을 하는 '농회'는 1920년 조선총독부에서 농업단체를 통합 정리하여 각 지역에 설립하였다. '농회'의 회원은 구역 내의 농업인 또는 농지 소유자로, 주 사업을 농업의 지도장려, 농업인의 복리 증진, 기타 농업 관련 사항의 행정 건의 등으로 정하였으나 사실상 경제사업 활동을 수행하지 않는 단체에 불과했다. 중·일전쟁 이후 전시에 '농회'는 미곡·놋그릇·철 등의 공출 독려기관으로 전락하여 농업인과 완전히 동떨어진 농업인의 수탈 기구가 되어 버렸다. 해방 후에는 생필품 배급과 미국산 비료수입 사업을 대행하기도 하였으나 1949년 비료 조작업무 등을 금융조합으로 이관시키면서 어려움에 빠지게 되고 결국 1951년에는 대통령 명령으로 해산되면서 '농회'의 재산은 후에 설립된 '농협중앙회'로 인계된다.

'산업조합'의 주요사업은 농산물의 공동판매, 농업용 자재의 공동구입, 농업용 설비의 공동이용 등이었다. 총독부는 협동조합 운동을 둔화시키고 제도권으로 흡수하기 위하여 '산업조합'을 적극 장려하였다. 그러나 '산업조합'은 금융조합과의 반목, 지방 상인과의 마찰, 경영 손실에 따른 경영난 등으로 태평양전쟁이 심화되었던 1942년에 해산하게 되었다.

광복 후 협동조합 탄생의 기나긴 여정

•제헌국회 종료와 함께 폐기된 농업협동조합법

광복 후 38선으로 갈라진 한반도에 1948년 5월 10일 남한지역에서만 총선거를 실시하여 대한민국 제헌국회가 성립되었고 7월 20일 초대 대통령으로 김구를 제치고 이승만이 선출되었다. 1948년 9월 제헌국회에서 이승만 대통령이 시정연설을 하였는데 여기서 협동조직체를 고려한다는 방침이 나오면서 농업협동조합 탄생과 밀접한 이해관계가 있는 기존 단체들로부터 미묘한 움직임이 시작되었다. 농업협동조합 탄생과 직접 관계가 있는 경제단체는 계통농회와 축산동업조합, 금융조합과 일부 산업조합, 사회단체가 이끄는 농민총연맹이 있었다. 그중 '금융조합연합회'는 협동조합추진위원회를 만들어 발전적으로 금융조합을 개편하여 협동조합을 조직하자는 전국대회를 개회하는 등 활발한 움직임을 보이고 있었다. 이러한 가운데 농림부 관계자들은 도시의 협동조합과 달리 농업과 농민 자체의 특수성을 보호하고 뒷받침 할 수 있도록 '농업협동조합 법안'을 신속히 만들어 1948년 11월 24일 국무회의에 상정하였다. 그러나 국무회의에서는 '농업협동조합법'이 농촌경제 체제에 급격한 변혁을 가져오는 법안이므로 기획처가 심사 보고하게 하였다. 기획처에서는 이듬해 2월 경제위원회에 이를 자문했는데 동 위원회는 농민·상공업자·광업자 등의 협동조합 기능을 포함한 이른바 「일반협동조합법」을 제정할 것을 결정하였다. 그러나 1949년 5월 정부안으로 국회에 회부하였으나, 심의조차 하지 못하고 제헌국회의 종료와 함께 자연폐기 되었다.

•1950년 2대 국회 개원과 한국전쟁 중에도 '농협법'을 심의

1949년 6월 21일에 '경자유전 원칙의 농지개혁법안'이 공포되었다. 이에 농지개혁실시를 앞둔 농정은, 농협운동을 뒷받침할 농협법의 제정이 더욱 시급하게 되었다. 이는 농업협동조합이 상호부조·자립자조·자력본원의 정신을 바탕으로 농업생산력을 높여, 농민의 경제적·사회적 지위 향상을 도모하는 것이 목적이었다.

그러나 워낙 무지와 가난과 복종에 시달려온 농촌 현실에 이 같은 자조적 의지의 현대적 협동조직이 성장할 수 있는 터전은 조성될 수 없었다. 그래서 농민의 자각적인 성과와 별개로 정부의 부권적인 사회 정책적 협동조합 운동이 대두될 수밖에 없었다. 이러한 환경 속에서 농림부는 기존 단체와 각계각층의 의견을 수렴한 '농업협동조합법안'을 2대 국회가 개원하자 바로 법제처에 회부했다.

이렇게 신용업무제도 법안과 관련하여 농림부와 재무부의 안이 서로 달라 의견차이가 나자, 완전합의를 보지 못하고 이를 국회에 일임하였다. 즉 농림부는 한국농업 경영의 입지에 맞는 다목적 협동조합 즉 종합농협 체제로 반드시 금융업무를 함께 해야 한다는 주장이고, 재무부는 금융업무만의 단독경영을 하는 신용조합과 경제사업을 하는 농협과의 이원화를 주장한 것이다.

그러는 가운데 1950년 6·25 한국전쟁 발발로 농협법안은 갈피를 못잡고 정부의 부산 피난과 함께 점점 갈 길을 잃게 되었다. 농림부는 식량을 비롯한 전시농산물의 조달·공급과 농지개혁의 준비로 바빠, '농협법' 같은 것에 관심을 가질 여유가 없었다. 그리고 '금융조합연합회'도 '농회'가 해오던 비료조작 업무와 고공품 업무를 비롯하여 대한식량공사에서 해오던 정부양곡 조작업무까지 인수받아 사업이 확장되고 있어서 '농협법' 추진에 소극적이었다. 이렇듯 전쟁 중인 상황에서 '농협법'이 국회에 상정되기까지는 무척 긴 시간이 필요했다.

이러한 혼란한 상황에서 이승만 대통령은 1951년 5월 31일 "계통농회를 해산하고, 농림부장관이 청산인이 되어 '계통농회'의 재산과 업무를 청산한다. 나머지 재산에 대해서는 그 후 탄생할 진정한 농민단체에 인계하라"라는 명령을 내렸다. 이에 '계통농회'는 해산과 동시에 청산단계에 들어갔으며 나머지 재산을 넘겨줄 진정한 농민단체에 대해서는 국회에 일임이 되어있었다.

•'농업협동조합' 보다 먼저 '농촌실행 협동조합'을 만들자!

한국전쟁 중에도 제7대 농림부장관 신중목씨는 "농협법 제정은 시간이 많이 필요하므로 무리하게 법을 만들어 천편일률적인 행정 관청식 시점으로 농민의 협동조직을 만들면 안 된다. 우선 자연부락 단위에서 서로 뜻이 맞는 사람들의 자조협동 운동을 도와주는 필요한 교육 사업부터 실시하고 그 후에 결성되는 조직에 대해서 사단법인격을 부여하도록 하자."는 안을 추진하였다. 구체적인 실천방안으로 전국 읍·면단위에서 한 사람씩 지도요원을 선발하여 농협이론 및 영농기술에 관한 교육을 한 후 각자 고향에 돌아가 자연 발생적인 협동조합 운동을 전개하도록 하였다. 이 영향으로 설립된 것이 바로「농촌실행 협동조합」이다. 그 당시는 전시 상태라 국방부와 협의하여 '농업요원제'를 채택해 그들을 노무동원에서 제외되도록 조처를 했다.

이후 '농업요원 양성소'를 부산 동래 원예시험장에 설치하였다. 주요 내용은 "미래의 농부가 되고 협동조합원이 될 농촌 청소년들에게 농촌협동조직·농업경제·외국협동조합·농사기술의 보급·시국 문제·반공사상을 가르치는 4-H 구락부 운동" 등을 교육하는 것이었다. 교육프로그램 내용을 보면 아침 6시부터 밤 10시까지 장관의 진두지휘 아래 농촌재건 운동과 같은 강행군 교육을 하였는데, 전선에서는 농민의 아들들이 공산군과 싸우고 있을 때라 강사·강습생 할 것 없이 모두 진지한 분위기 속에서 진행되었다. 이렇게 어려움 속에서도 농업요원에 의한 「농촌실행 협동조합운동」이 시작되었다.

그리고 전국 각 도·시·군의 농정 담당자들도 또한 교육을 받았다. 농림부는 「농업협동조합 조직요강」을 제정하여 농촌에서 근면하고 성실한 농민들이 협동조합 설립 신청을 하면 민법상 공익사단법인으로 인가해 줄 수 있는 기준을 명시하였다. 그리고 인가권자인 농림부 장관의 권한을 각 시장·군수에게 내부 위임하고, 협동조합 모범정관례도 교육하였다. 마침내 농업요원 1기생 교육을 마치고 2기, 3기로 그 기수를 거듭할수록 농촌에서 '협동조직'이라는 말이 나돌기 시작하고, '협동조직'에 대한 동조자들도 점점 생기게 되었다. 이렇게 '실행 협동조합'이 하나둘씩 설립되면서 스스로 구판장을 운영하여, 비료 등을 공동구매하였고, 판매 쪽으로는 달걀 등을 일용품과 물물교환하는 식의 초보적인 사업이 시작되었다.

전국에 농업요원이 1개 부락당 2명씩으로 총 3만7천2백28명의 부락지도요원을 도에서 교육훈련 시켰고, 이를 통솔하고 지도하는 읍·면 지도요원 1명씩 1천5백38명을 확보하여 중앙에서 훈련을 시켰다. 농업지도 요원은 훈련을 받고 나서 '실행 협동조직'의 최전위로서 힘을 쏟았는데, 이후 1954년 4월 농업교도원으로 명칭이 바뀌는 것을 계기로 사단법인 '농업교도사업 연구회'로 발족하였다. 이에 자원봉사 지도조직의 기능을 갖고 묘판 개량, 경작법 개선, 4-H 클럽 활동 등 증산운동과 지도활동에 심혈을 기울였다. 1955년에는 농림부에 농업교도 사업 전담기구인 '농업교도과'가 신설되었다.

당시 농업지도 요원들이 중심이 되어 설립한 조합 수는 '실행 협동조합(里洞組合)'이 1만3천6백28개, 시군조합이 1백46개로 조직예정인 이동조합은 75%, 시군조합은 85%에 달했다. 이렇게 '실행 협동조합'이 등기를 마치고 각 지역에 맞는 사업을 하고 있었는데 당시 이승만 대통령이 협동조합이라는 이름을 몹시 싫어했기 때문에 '농민회 같은 것을 만들어 돈도 빌려주고 물건도 공동구매하고, 농산물도 공동 판매하는 사업을 하라'는 뜻이 전달되었다. 하지만 일반 사람들은 협동조합은 경제단체이고 농민회는 농민의 권익을 옹호하는 사회단체라는 해석에 모두 의견을 같이하여 대통령의 뜻과는 관점을 달리했다.

•2대 국회에서도 폐지된 농협법

농업 지도요원에 대한 협동조합 교육을 실시한 후, 농림부의 농협법 추진은 계속되었다. 그 당시 농협법 입법을 추진하는 농촌과 농업 환경은 영세한 규모에다 농민의 지적 수준도 높지 않았다. 따라서 굴종적 삶 속에 패배의식에 사로잡혀 있는 우리 농촌의 실정은 선진외국과 너무나 큰 차이가 났다. 그러므로 이런 상황에서는 개개 농민들의 농업경영을 뒷받침하는 자조협동 조직은 자금과 자재와 기술이 종합적으로 농업경영에 투입할 수 있는 다목적 협동조합이어야 했다. 이에 농림부의 농협법 추진 물결의 방향은 당시 지배적인 여론이었던 읍·면 단위를 지양하고, 단위 기본조직을 이·동 단위로 하는 생산협동체로 만드는 것이었다.

즉 '농업협동조합'의 조직체계를 가장 기본적 1단계 조직인 사회적 극점인 부락중심의 이·동조합으로 2단계 조직은 지방경제의 중심인 시·군조합을 만들고, 3단계 조직은 정점조직인 중앙회 체계로 구성하였다. 그리고 신용업무는 별개 기관으로 분리하지 않고 중앙회에 '농협중앙금

고제'를 채택하여 신용업무를 겸영하는 종합경영체로 입법안을 만들었다. 이러한 입법 구성은 국회 농림위원 일부와 직접 농협운동을 전개하고 있던 대한농민회의 지지를 받았으나, 이와 달리 축산과 원예 등 전통적인 기존업체의 강력한 지지를 받아온 일부 농림위원들은 시·군단위에서 농업·축산·원예 등의 3업종으로 분리 조직하자는 소위 업종별 체계를 주장하기도 했다.

1954년 1월 23일에는 「가축보호법」이 시행되어 축산동업조합의 기반이 확충되었고 제2대 국회종료가 임박하자 국회농림위원회는 이원 입안의 농협법안을 본회의에 접수 시켜 심의하기 시작했다. 그러나 농림위원회와 재경위원회 간 의견 합의를 보지 못해 재경위원회의 대안과 농림위원회의 안 모두 법사위원회에 회부했으나, 제2대 국회 종료와 더불어 또다시 폐기되었다.

• 3대 국회에 상정된 '농업협동조합법'

1954년 6월에 제3대 국회가 개원되면서 이기붕씨가 정계에 주역으로 등장하였다. 이때 금융조합을 농촌산업조합으로 개편하는 산업조합법안이 법무부 안으로 입안되었다. 그러나 국회에 회부되지 않아 농림부는 다시 '농업협동조합법안'을 추진하였다. 이승만 대통령이 협동조합이란 말을 싫어했기 때문에, 농협법을 「상호조합법안」의 기초로 추진하게 되자 기본단위가 이·동에서 읍·면 단위로 흔들리기도 했고, 특수농업을 위한 특수농협을 특수상호조합으로 하기에는 어색하였다.

일부에서는 대만과 같이 「합작사」로 하자는 의견도 있었고 농업조합으로 하자는 의견도 나왔다. 그러나 협동조합은 자조·협동의 정신을 바탕으로 사람들의 협동의 힘을 모아 불충분한 인간의 삶을 극복하자는 운동이다. 따라서 그 정신을 상징하는 「협동」이라는 어휘를 포기할 수 없었기에, 반드시 협동조합이란 명칭이 들어가도록 주장하는 사람들이 매우 많았다.

일반적으로 협동조합 설립 방법은 크게 두 가지로 '자생적 설립'과 '정부 주도형 설립'으로 나눌 수 있다. 한국은 해방 후 협동조합 조직화를 위하여 "자생적으로 설립해야 하는가, 아니면 협동조합법의 입법을 전제로 한 법적 조직이어야 하는가"에 대한 논쟁이 많았다. 결국, 난립한 농촌단체를 효율적으로 정비하고 단기간에 협동조직체를 만들기 위해서는 '정부 주도형 입법조치'가 필요하다고 결정되었다.

한국전쟁이 끝난 후 '농촌실행 협동조합'은 공동 구판장 설치와 운영, 일부 농산물과 일용품의 물물교환 등을 실시하였다. 이러한 상황에서 1955년 8월 '유엔군 경제조정관실(OEC)'의 초청으로 미국의 농업금융 전문가인 「존슨(E.C. Johnson)」 박사 (미국 농업신용행정청 소속 토지은행 부이사 겸 연방토지저당공사 부총재) 일행을 초청하여 농업신용과 농업협동조합에 관한 방침을 수립하도록 하였다.

「존슨」 박사는 1개월간 조사를 마친 후 「한국농업 신용발전을 위한 건의」라는 보고서를 다음과 같이 제출하였다. 그 내용은 ①금융조합과 동 연합회의 농업조합을 농업은행으로 전환 ②조직은 농업조합-도연합회-농업조합연합회의 3단계로 조직화 ③사업은 신용··구매·판매·이용사업을 겸영하는 종합사업 체제 구축 등으로 이를 건의하였다.

하지만 한국의 농촌경제 여건에 비추어 볼 때 존슨 박사의 보고서는

"금융조합연합회(금련)와 금융조합의 명칭을 농업은행과 농업조합으로 개칭하자는 건의에 지나지 않는다."는 평을 받았다. 결국 「존슨」 안은 당시 우리나라의 경제여건이나 농촌 실정에 부적합 점이 많고 농업은행과 농업조합의 유기적 연결이 힘들 것이라는 의견이 지배적이어서 채택되지는 못하였다.

「존슨」 박사가 제출한 보고서 채택이 어렵게 되자, '유엔군 경제조정관실(OEC)' 측에서는 일본의 농업협동조합 입안에 직접 관여한 「필리핀」 주재 미국경제원조처(USOM, United States Operation Mission)의 직원이었던 「쿠퍼(J.Cooper)」 씨를 초청하여 직접 입안을 위촉할 것을 제의했다.

한국의 협동조합운동의 산파인 농림부의 권태헌은 「쿠퍼」 일행을 경기도 화성군 태안면 안녕리에 있는 「고색 실행협동조합」으로 안내하였다. 이 실행협동조합은 농업요원이었던 양봉식씨가 설립한 것으로 협동조합 원칙에 따라 운영 및 관리되고 있었다. 그 당시에 이미 이용고에 대한 잉여금 배당을 하고 있어, 「쿠퍼」 씨는 협동조합 원칙에 따라 운영되고 있는 것을 확인하고 어디서 배웠는지 묻기도 하였다.

그리고 이승만 대통령이 싫어하는 협동조합 명칭에 대해 「쿠퍼」 씨는 "민주주의는 세계 공통의 이념인 까닭에 미국이나 독일이나 다 같이 '민주주의'라는 말을 사용하고 있듯이 협동조합도 협동조합이라는 말을 사용하고 있다."라며 협동조합 명칭을 분명히 하였다.

「쿠퍼」 씨는 1956년 2월 한국농업은행법, 신용조합법, 농업협동조합법의 3개 법안으로 구분하여 입법하자는 「한국의 협동조합 금융입법에 관한 건의」를 제출하였다. 「존슨」 안과 비슷하지만, 그 주요 내용 중 ①금융조합은 신용조합으로 개편, ②농업조합과 특수조합의 신규 조직화,

③군 단위 이상의 조직에서 신용사업 분리 등에서는 차이가 있었다.

「쿠퍼」씨의 건의 법률안에 대해 한·미 영수협의회를 조선호텔에서 개최하였지만 농림부장관이 국회출석 관계로 참석하지 못해 결론을 내리지 못했다. 그 후 미국 측에서 농림부 장관과 개별협의를 했으나 금융업무 겸영의 3단계 단일체제를 주장하는 농림부 안과 일치를 보지 못했다. 「쿠퍼」씨는 한국 측의 미묘한 사정에 정통하지 못하여 자기가 기초한 건의안이 전면적으로 채택되지 않은 것에 대해 섭섭하게 생각했다.

「쿠퍼」안이 제출되면서 농협법의 입법 활동은 다시 활발해지기 시작했다. 농림부는 「쿠퍼」안을 토대로 '농업협동조합법안'을 기초하였고, 재무부 또한 「쿠퍼」안을 기초로 '농업은행법안'과 '신용조합법안'을 별도로 작성하였다. 그러나 이들 3개 법안은 국무회의에서 합의점을 찾지 못해 심의가 지연되어 상정조차 할 수 없었다.

• 일반은행법에 의한 '농업은행'이 설립되다

1956년 3월 이승만 대통령은 농업자금의 원활한 공급을 위하여 국회 동의가 없더라도 설립이 가능한 '농업은행'을 발족시키라고 지시를 하였다. 재무부는 관계법의 제정을 기다릴 수 없어 「일반은행법」에 의한 '주식회사 농업은행'을 설립하기로 하고 전국금융조합회의를 열어 농업은행 발기인을 선출하고 '금련(금융조합연합회)' 해산을 결의했다.

결국, 대통령 지시 때문에 1956년 5월 1일 '금련(금융조합연합회)'은 그 종지부를 찍고 '주식회사 농업은행'으로 발족하게 되었다. 즉 그동안 심의되어 온 정부 안과는 별도로 '한국은행법' 및 '일반은행법'에 의한 '주식회사 농업은행'이 설립되었다. '농업은행'은 '금융조합'과 '동 연합회'를 모체로 하여 그 업무가 농업금융에 국한된 것을 제외하면 일반 시중은행과 별 차이가 없었다.

'주식회사 농업은행'은 일반은행법으로 설립되어 초기부터 자기자본이 부족했고, 1년 이상 중장기 자금의 차입과 대출에 제약을 받았다. 그뿐 아니라 주식회사 조직이었기 때문에 이윤 확보, 경영안정을 위하여 대출금리 인하, 무담보 신용대출, 융자 조건 완화 등을 할 수 없었다. 이렇게 되자 발족 된 농업은행을 언제까지 주식회사로 둘 수는 없어 하루빨리 특별법에 의한 농업은행으로 만들어야 하는 필요성이 제기되었다.

• 1957년 '농업협동조합법'이 탄생하다

1956년 말부터 국회 농림위에서 신용사업을 겸영하는 '농업협동조합법안' 제정 논의가 다시 시작되었다. 농림부는 「농업조합의 기본여건」이라는 제목으로 입법의 내용이 될 10개 항목을 발표하였다. 1957년 1월 24일 제23회 임시국회에 '농협법'과 '농업은행법'이 드디어 상정되었다. 정부수립 후 두 번이나 국회에 접수된 법안이었으나 의사일정에도 오르지 못하고 회기만료로 자연폐기 되었던 농협법안이 드디어 본회의에 상정된 것이다.

농림위원회가 제안한 농협법안에는 여당이 정책방침에 의해 종래 주장하던 '농협중앙금고'가 제외되고 그 대신 별도 특수법인으로 '농업은행'을 설립하게 되어있었다. 그래서 재경위원회에서는 다시 이를 수정하여 이·동조합은 신용업무 중 여신업무만 취급하는 종합농협으로 하되, 시·군 농협과 기타 원예·축산계 특수조합은 경제사업만을 행하도록 하는 '농업협동조합법안'을 다시 상정하였다.

당시 김영선 의원은 "협동조합 운동에 앞서 먼저 협동운동을 지도할 수 있는 지도자 양성이 선행되어야 하는데 그러한 준비 없이 협동조합법을 통과시켜서 소기의 목적을 달성할 수 있는가? 또한, 협동운동의 목적을 무엇이라고 생각하는가?"를 질의하였다. 이어서 "협동조합에 대한 세 가지 견해가 있는데 첫째, 어떤 분은 협동조합의 원리원칙에 따라 자본주의에 대한 특히 대규모 생산자에 대한 영세업자의 대항 조치로서, 협동운동은 자본주의의 수정을 의미하는 것으로 보는 사람이 있다. 둘째 어떤 사람은 자본주의를 수정하는 협동운동 보다 봉건적인 고리대금이나 상업자금의 수탈을 방지하는 즉 봉건 잔재를 숙청하는 것이 협동운동의 당면 목표가 되어야 한다고 보는 사람도 있다. 셋째 또 어떤 사람은 근대자본주의의 생산이 가진 장점을 발휘할 수 있도록 영세하고 전 자본주의적인 농가 형태를 협동운동을 통해 자본주의적 면까지 끌어 올려야 한다고 보는 세 가지 견해가 있다. 이 세 가지 견해 중 이 법안을 기초한 분은 어떤 견해를 택했는가? 그 견해를 택한 결과 그 견해가 본 법안에 어떻게 반영되어 있는가?"라고 말하며 날카롭게 질문하였다.

이에 조병문 위원장은 "협동운동의 목적은 협동조합법안 제1조에 규정되어 있고, 이것이 어떻게 잘 반영될 것인가, 잘되느냐 못 되느냐, 이것에 대한 문제는 두고 보아야 할 것입니다. 나의 염원은 협동조합을 만들어 각 농가의 수준을 향상해 보자는 것이고, 법 정신도 같은데, 실시한 결과가 오히려 협동조합을 만들지 않을 때 보다 더 나쁜 결과가 될지 알 수 없지만, 그것을 상상해서는 못 쓸 일이고 그런 일은 없으리라 생각합니다"라고 답변하였다.

김영선 의원의 현문과 조병문 의원의 명쾌한 답변을 듣고 많은 사람이 협동조합의 중요성에 대해 다시 생각해 보는 계기를 가지게 되었다. 이후 제14차 본회의가 개회되자 '농사 교도사업법안'이 오랫동안 진통 끝에 통과되어 햇빛을 보게 되었다. '농사 교도사업법안'이 전문 통과되고 나니 의장은 또다시 '농협법안'과 '농은법안'을 상정시켜 심의를 추진했다. 나중에 제15차 본회의가 개회되자 '농업은행법안'의 1독회는 농협법안과 관련이 있어 농협법안과 같이 심의되었으나, 2독회는 1957년 2월 1일 제17차 본회의에서 농협법안의 심의가 끝난 후부터 시작되었다.

제2독회 때 제안된 수정안 심의과정에서 가장 논쟁이 된 것은 역시 '신용사업의 겸영문제'였다. 농협 계통조직으로서 중앙금고를 두지 않고 농업은행을 별개 법으로 설립하는 이상, 그 지점을 시·군단위에 까지 두게 되니 그 결과는 시·군조합에서 신용사업을 할 수 없게 되어 이를 반대하는 측과 이를 찬성하는 측과의 대결이었다. 마치 농림위와 재경위의 대결이었다. 결국, 토론을 종결시키고 표결에 붙인 결과 시·군조합의 신용사업은 예금수입과 농업자금 대부의 자구를 삭제토록 한 재경위원회의 수정안이 가결되었다.

다음에 문제가 되는 것은 종전단체(從前團體) 특히 '금융조합의 인수청산'이었다. 금융조합의 재산은 조합원의 출자로서 조성된 만큼 청산 후의 잔여재산은 조합원에게 환불되어야 했다. 그것을 시·군조합이나 중앙회에 법으로 강제 출자시킬 수 없다는 것이 논점이었다. 결국, 해당되는 조합이 업무와 재산을 인수하여 청산하고 조합원의 것은 조합에 출자토록 하고 비조합원의 것은 환불하도록 하는 농림위의 원안에 법사위

안이 같이 합쳐졌다. 그밖에 종전단체가 관리하던 귀속재산과 시설은 조합이 관리할 수 있도록 하는 수정안도 합쳐져서 표결 없이 모두 통과되었다. 이러한 우여곡절을 겪고 나서야 그 방대한 '농협법안'은 1957년 2월 1일 제3대 국회 23회 임시회의 17차 본회의에서 비로소 전문이 통과되었다. 즉 신용사업을 전담하는 '농업은행'과 경제사업을 담당하는 '농업협동조합'이 각각 이원화된 조직으로 탄생하게 된 것이다.

농업은행법 통과에 따라 광복 후 항상 농촌문제가 나올 때마다 논의되었던 '금융조합'과 '금융조합연합회(금련)'이 결국 '농업은행'으로 개편되었다. 즉 독일 「라이파이젠」형의 농촌신용조합의 이념과 경영방식을 본받았다고 자랑하던 '금융조합'과 농림부 산하의 양곡조작업무와 비료조작업무를 대행하면서 파란 많은 곡절과 많은 공과를 남겼던 '대한금련'이 드디어 농업금융을 전담하는 특수은행인 '농업은행'으로 재탄생 된 것이다. '농협법'과 '농은법'의 공포일은 다 같이 1957년 2월 14일이며, 법률번호는 농협법 436호, 농업은행법이 437호로 나란히 같은 날에 같은 운명을 안고 이 세상에 태어난 것이다.

하지만 농협법이 공포되었다고 하더라도 이를 시행하기 위해서는 주무부서인 농림부가 시행법령을 제정해야 했다. 따라서 각 시·군 농정담당자를 소집하여 모든 행정 사항을 조치함으로써 농협설립을 대비했다. 정부수립 이래 모든 농업단체가 반신불수 상태에서 농업협동조합법 탄생을 기다리고 있었던 때라 농촌에서는 단위조직인 이동조합이 놀라운 속도로 설립되어 갔다.

그러나 농협발족에는 커다란 암초가 가로막혀 있었다. '농은법'을 공포하고 실시할 때에 이승만 대통령은 정부에서 '농은'에 출자하지 못하게 하고, '금련'과 '금융조합' 재산을 '농업은행'이 인수하라고 지시를 했던 것이다. 이 지시사항은 관계법 개정 없이는 실시할 수 없어 결국 재무부는 '농은법'을 개정하여 '농업은행'의 발족과 같이 '농협'도 발족하도록 하였다. 결국 '농은법'과 '농협법'은 1958년 2월 22일에 개정안이 국회를 통과하고 동년 3월 7일 공포를 하여 그 발족이 법 통과 후 1년 4개월이나 늦었다. 그동안 설립된 이동조합은 즉각 시·군조합을 설립했고 축산동업조합과 원예조합은 각각 협동조합으로 개편되었다. 그리고 시·군단위 협동조합장들이 조직과 운영을 하면서 중앙조직에 대한 의견을 나누기 시작하여 중앙회 설립 추진이 급속도로 진행되었다.

1958년 1월 전국농업협동조합장 대회에 이어 3월에는 농업협동조합 중앙회 발기인 대회를 개최하고 정관안과 사업계획서를 작성하여 드디어 5월 7일 역사적인 '농업협동조합중앙회' 창립총회를 개최하게 되었다. 농협중앙회 초대 회장선거에서 3대 농림부 장관을 지낸 공진항씨가 회장으로 선출되고 농협중앙회 설립인가 신청서를 주무부 장관에게 제출했다. 농림부장관은 중앙회 설립을 인가하였고 중앙회 설립 후 첫 번째 총회가 끝나자 농림부는 일부 조직개편을 하여 협동조합을 주관하는 농업 단체과를 설치했다.

드디어 농협이 발족하게 됨으로써 종전의 농업단체 업무 중 식산계는 이동조합이, 금융조합과 시·군농회의 일반업무와 재산은 시·군조합이, 금융조합연합회와 대한농회, 서울시 및 도농회는 농협중앙회가 각각 인수하여 청산하였다. '대한농회'의 재산관리인을 겸하고 있던 정재설 농림부장관은 공진항 중앙회장에게 그 자산과 업무를 인계했다. 농림장관

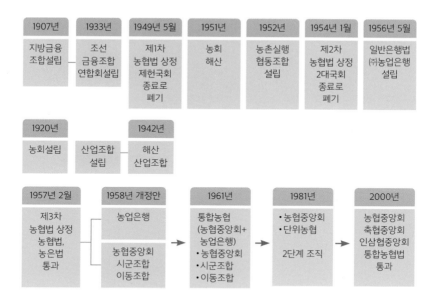

농협법 제정에 따른 농협 변천사

1907년	1933년	1949년 5월	1951년	1952년	1954년 1월	1956년 5월
지방금융 조합설립	조선 금융조합 연합회설립	제1차 농협법 상정 제헌국회 종료로 폐기	농회 해산	농촌실행 협동조합 설립	제2차 농협법 상정 2대국회 종료로 폐기	일반은행법 ㈜농업은행 설립

1920년		1942년
농회설립	산업조합 설립	해산 산업조합

1957년 2월	1958년 개정안	1961년	1981년	2000년
제3차 농협법 상정 농협법, 농은법 통과	농업은행 / 농협중앙회 시군조합 이동조합	통합농협 (농협중앙회+ 농업은행) • 농협중앙회 • 시군조합 • 이동조합	• 농협중앙회 • 단위농협 2단계 조직	농협중앙회 축협중앙회 인삼협중앙회 통합농협법 통과

실에서 재산 인계서에 조인을 마치고 농협의 무궁한 발전을 빌면서 역사적인 축배를 올렸다. 이렇게 '농협중앙회'로 인계된 '대한농회'의 재산은 농업협동조합 사업에 있어 실질적 힘이 되었을 뿐 아니라, 농협 초창기 난관을 극복하고 유지시키는 데 큰 역할을 하게 되었다.

1960년대 군사정권 하에 종합농협의 탄생

초기의 농협은 전국에 걸쳐 방대한 조직망을 갖추고 출발하였지만, 자금조달 부족으로 사업은 극히 부진하였고 경영도 고전을 면치 못하였다.

농업은행은 "농업신용제도를 확립하여 농업협동조합의 발전과 농촌경제의 진흥을 도모하고 기여한다."라는 당초의 설립 목적과 달리 대부분 자금을 농업인에게는 직접 융자했지만, 농업협동조합에 대해서는 경영여건 불비 등 여러 사유로 자금지원을 꺼렸다. 하지만 이러한 상황에서도 각 마을별 이동조합은 계속 설립이 증가하여 1960년 농협의 조직상황을 보면 전국적으로 1만8,706개의 이동조합, 168개의 시·군조합, 80개의 원예조합, 152개의 축산조합, 27개의 특수조합이 각각 등기를 마쳤다.

이처럼 농협은 점차 그 조직을 확대해 나갔으나 자금부문에서 농업은행과의 유기적인 협조가 이루어지지 않아 정상적인 사업 수행에 어려움을 겪게 되었다. 농업인을 대상으로 한 경제사업과 신용사업이 본질적으로 불가분의 관계에 있음에도 불구하고 농업은행과 농업협동조합 간에 유기적인 협조가 이루어지지 않았던 것은 농림부와 재무부로 담당기관이 서로 분리되어 있기 때문이었다. 이에 따라 농업은행과 농업협동조합의 이원화 문제를 해결하기 위해, 농업협동조합과 농업은행의 통합·개편 논의가 시작되었지만, 농업은행과 재무부의 강력한 반대에 부딪혀 별 진전을 보지 못하였다.

그 후 1961년 5·16 사태가 일어나자 '농업협동조합'과 '농업은행'의 통합문제는 급물살을 타게 되었다. 중농정책을 표방한 군사정부는 1961년 5월 31일 발표한 정부의 기본경제정책에서 "협동조합을 재편성하여 농촌경제를 향상시킨다."라는 방침을 밝혔다. 1961년 6월 국가최고회의는 농촌민생고 해결과 당시 구농협과 농업은행 간의 갈등을 해결하기 위하여 '농업협동조합'과 '농업은행'의 두 기구를 통합한다고 의결하였다. 결국, 두 기관의 갈등이 오히려 두 기관의 통합을 앞당기게 된 것이다. 이로 인해 7월 기존의 '농업협동조합법'과 '농업은행법'은 폐기되고 1961년 법률 제670호 '농업협동조합법'이 공포되었다. 농협은 역사적으로 다른 기관과 합병을 통해 통합농협을 구축하였는데, 첫 번째가 1961년 '농업은행'을 통합하여 만든 통합농협이고, 두 번째가 2000년 '축협'과 '인삼협'을 합병하여 만든 통합농협이다.

1961년 공포된 '농업협동조합법'에 의해 종합농협이 발족하게 되었고 종합농협은 마을단위의 이동(里洞)조합, 이동조합의 시군단위 연합조직인 시·군조합, 전국단위의 연합조직으로 중앙회 등 3단계 계통조직 체계를 갖추게 되었다. 단위농협은 일반농협, 원예협동조합, 축산협동조합, 특수협동조합이 있는데, 이동조합의 경우 신용사업은 여신만 허용되며, 시·군조합은 신용사업을 제외한 경제사업만 허가되었다. 중앙회는 회원과 조합의 경제사업 및 금융사업에 대한 지도 감독과 교육사업을 담당했다. 금련, (주)농업은행, 특수 농업은행으로 변모하는 상황을 보면, 협동조합이 일반은행을 겸업하는 것은 전 세계적으로 유일한 사례라고 볼 수 있다.

이동조합은 종전의 '농협법'에 의한 이동조합을 그대로 인수·개편한 것으로 조합원 규모가 조합당 평균 100명 정도로 매우 적은 데다, 협동조합에 대한 조합원의 인식이 매우 낮아 거의 제 기능을 발휘하지 못하였다. 따라서 조합원을 대상으로 한 사업의 대부분을 시·군조합이 직접 담당하였는데, 농협은 이동조합을 농업인의 자주적인 조직체로 육성하기 위해 조합원 가입 운동을 적극적으로 전개하였다.

이후 이동조합 수가 1962년 21,158개에 달하였고 농업인의 90% 이상인 222만7천 명의 조합원을 확보하였다. 그러나 규모가 영세한 이동조합으로는 사업을 추진하기 어려워서 1968년부터 이동조합은 읍·면 단위의 통합을 통한 규모화를 추진하였다. 1969년에는 읍·면 단위 합병을 위한 「단위조합 육성 3개년 계획」을 세워 최초로 이동조합의 명칭을 '단위조합'으로 사용하게 되었다. '단위조합' 명칭을 공식적으로 사용하기 위해서는 농협법 개정이 필요했고, 농정당국은 '단위조합'이라는 명칭 사용에 대해 반대를 하였다.

그러나 농협은 △이동조합에 대한 종래의 부정적 인식을 불식시키고 읍·면 단위 조직이라는 새로운 농협에 대한 이미지를 심어주었고 △'단위조합'은 계통농협의 근간임을 천명하고 △농민조합원과의 거래는 계통농협의 뿌리이며 농민조합원의 기초조직에서 취급되어야 함을 강조하면서 '단위조합' 명칭을 사용하였다. 따라서 1973년 농협법 개정 시까지 조합명칭을 ○○단위이동농업협동조합 또는 ○○면단위이동농업협동조합 등으로 사용하였다.

정부는 전쟁 후 외국의 식량 원조에 의존하던 경제 상황에서 농업생산력을 높이기 위해 영농자재의 공급체계를 구축해야 했다. 게다가 농지개혁으로 자영농이 늘어난 상황에서 농민들은 영농자재 구입에 따른 사채를 빌려 고리채에 시달리게 되었다. 따라서 농협은 정부 정책에 맞춰 비료 등 영농자재의 신속한 공급체계를 구축하였고, 농촌의 유휴자금 개발, 단기 영농자금의 공급확대, 자체자금 조달 확대를 목적으로 1969년에 '상호금융제도'를 도입하였다.

「상호금융」 사업을 통해 농가는 그동안 억눌려 왔던 고리채에서 벗어나게 되고 이것은 농촌의 사채금리를 떨어뜨리는 데 크게 기여하였다. 「상호금융」이란 명칭은 조합원 상호 간의 공동유대를 바탕으로 조합원은 소액이라도 여유자금을 지속적으로 조합에 저축하고, 자금이 필요할 때는 편리하게 차입할 수 있는 '조합원 상호 간의 자금 융통'이라는 조합금융으로서의 특성과 우리나라 농촌계(農村契)의 정신을 상징하도록 명명되었다.

1970년대 단위조합 5개년 계획 추진되다

1970년대에 와서 수출주도형 경제성장 정책으로 인해 농촌에서 도시로 이농이 본격화됨에 따라 공장의 노동력 제공, 도시민에 대한 저가의 식량공급이 점점 중요해졌다. 따라서 경작규모 확대와 노동력 절감을 위한 생력화 재배에 따른 식량증산과 농산물의 신속한 공급체계 구축이 필요하게 되었다. 농협은 정부의 식량증산 정책에 맞추어 관련 기관과 함께 과학적 영농기술의 보급, 협업생산 장려, 영농자금 적기 공급, 농기구 공동이용 촉진, 우량 종자의 공동구입 등을 위해 체계적인 노력을 하였다. 또한, 녹색혁명을 위한 화학비료·농약 등의 공급을 위한 구매사업을 본격화하였다.

농협은 상호금융과 생활물자사업이 단위조합의 양대 기간산업으로 개발 도입되면서 1970년~1974년 기간의 『단위조합 기본목표 5개년 계획』을 다음과 같이 수립하였다.

이 계획에서 농협발전의 기본목표는 △조합원의 자발적 참여를 바탕으로 한 상향식 농협조직 확립 △중앙회 업무와 권한의 점차적 단위조합 위양 △시·군조합의 중앙회 의존 지양과 업무의 단계적인 단위조합 이양 △계통 조합의 자기자본 확대 조성 △농민의 자주적인 협동사업 확대로 정했다.

이를 위한 단위조합의 기본목표는 다음과 같다.

① 이동조합을 1,500명 규모의 대규모 조합으로 통합
② 이동조합 운동의 효율화 및 확대에 필요한 구·판매장 및 기타 공동이용 시설 확대 설치
③ 농촌 고리채 해소 및 농업생산 자금 공급확대를 위하여 상호금융 255억 원의 조성
④ 이동조합 하부 생산조직의 정비 및 농업생산 증대를 위한 주체적인 역할 담당
⑤ 농협연쇄점을 개설하여 855억 원의 생활물자를 공급, 농촌 소비 생활의 혁신을 기함
⑥ 농산물 계통 출하 체계 강화 및 양곡의 계통 출하율을 50%까지 향상

농협은 1969년부터 1973년까지 5년 동안 1개 읍·면 당 1개 단위조합을 원칙으로 1,500개 조합으로 통합한다는 계획을 세우고 1969년 3월부터 읍·면단위 합병운동을 전개하였다. 농협은 조합원의 자율적인 의사에 따라 합병추진이 전개되도록 합병조합에 대한 우선 지원 원칙을 세워 중점 지원하였다. 이러한 합병추진 결과 1968년 1만6,089개였던

이동조합은 1969년7,525개, 1970년에는 4,512개로 통합되었다. 그리고 1972년에는 1,567개의 단위조합으로 통합되어 애초 계획보다 1년이나 앞당긴 4년 만에 합병목표를 달성함으로써 유례없는 협동조합 통합사를 기록하였다.

이곳 '김화농업협동조합'의 역사도 마찬가지로 1970년 8월 24일 자연부락의 이동조합을 합하여 '김화단위이동농업협동조합'을 설립하였다. 초창기에는 철원군조합 김화지소에서 직접 경제사업을 하고 있어, 직원도 없이 조합장 혼자만 있는 명목상의 협동조합이었다. 그 후 김화농협이 1972년 「중점지원농협」으로 선정되면서부터 군조합의 경제사업을 이관받아 본격적으로 사업이 시작되었다.

단위조합은 자금조달, 사업운영 및 조합경영에 유리한 조합 규모화를 목표로 자립경영과 효율화를 달성코자 하였다. 1973년 1개 읍·면 당 1개 조합의 기틀이 형성되자 독자사업은 단위조합을 통해 수행할 수 있게 되었고, 현장인 단위조합 중심의 협동조합 운동을 본격적으로 추진하였다. 또 1973년에는 「중점지원조합 육성계획」을 보다 발전시켜 「기초경영 자립조합 육성계획」을 수립하여 특성에 부합하는 자립조합 육성을 강화하였다. 단위조합을 각 발전 수준에 따라 "자립·준자립·지원·준비조합"으로 분류하고 각기 특성에 부합하는 육성책을 수립해 사업자금을 지원하고 경영지도를 강화함으로써 자립조합을 육성해 나아갔다.

나아가 단위농협은 농축산물 작목반 조직, 공동생산과 공동출하, 공판장 시설 확충, 연쇄점 운영, 양곡창고, 비료창고, 기타 시설을 확충하고 개보수를 적극적으로 하였다. 여기에 조합의 자본확충을 위해 조합원 「출자배가운동」을 하여 1974~1980년 사이에 단위조합의 자기자본이 6배나 증가하였다. 이후 이동조합이 읍·면단위로 합병되면서 대농민 사업의 전담수행은 물론 농가소득 증대를 위한 핵심사업인 지역농업 개발사업까지 스스로 추진하게 되었다.

하지만 시·군조합의 경제사업이 1970년대 중반까지 단위조합으로 이관되면서 시·군조합의 연합회적 기능은 점차 퇴화하였다. 즉 시·군조합이 농업자금 조달을 위한 신용사업 중심체제로 전환되면서 시·군조합과 단위조합 간 사업 중복에 따른 문제가 대두되었다. 특히 시·군조합과 단위조합의 사업과 조직 운영 전반에 걸쳐 비능률이 발생하여 수수료 배분 비율에 대한 단위조합의 불만이 크게 증폭되었다.

이러한 문제에 대해 농협중앙회는 1977년 연세대 한기춘 교수를 대표로 7명으로 구성된 평가교수단에게 "농협제도 개선 연구보고서"를 제출토록 하였다. 이 보고서는 농협의 계통조직을 현재의 3단계에서 시·군조합을 없애는 2단계로 개편토록 하였는데, 이에 따라 농협은 조직개편을 2단계로 설정하였다. 그러나 이와 같은 조직개편 방향에 대해 반론도 만만치 않았고, 당시의 정치·사회적 여건으로 인해 2단계 조직으로의 정책적 결단은 이루어지지 않았다.

1980년대 중앙회-단위조합 2단계 조직으로 개편하다

1980년대 제5공화국이 출범하면서 농협의 조직구조와 사업관리에서 대대적 개혁이 추진되었다. 국보위 체제하에서 소위 '농협체질 개선지침'이라는 방침이 농림부로부터 시달되었다. 이 지침 하나로 농협의 2단계 개편작업이 일사천리로 진행되었다.

우선 농협의 시·군조합 법인격을 소멸하여 중앙회의 지사무소로 개편하였다. 기존 농협의 조직체계인 '단위조합-시·군조합-중앙회' 3단계 구조를 '단위조합-중앙회'의 2단계로 축소하게 되고, '축산농협'을 농협으로부터 분리하였다. 농협조직이 2단계로 축소되면서 시·군조합의 기능이 대부분 단위조합으로 이양되고, 시·군조합의 기능 중 단위농협의 지도 기능이 중앙회 도지회로 이관되었다. 이러한 농협조직 개편은 국보위 체제하에서 국회를 대신하여 입법을 담당한 '국가보위 입법회의'의 의결을 거쳐 1980년 12월 30일 법률 제3300호로 공포되었고 1981년 1월 1일부터 시행되었다.

농협법 개정에 따라 1981년 축산계특수조합과 축산진흥회가 개편되어 '축협중앙회'가 창립되었다. 이전의 '축산진흥회'는 1978년 4월에 가축의 개량·증식 및 보호 등 축산진흥과 가축 및 축산물의 수급조절, 가격안정을 도모하는 데 그 설립 목적을 두고 발족을 하였다. 그러나 쇠고기 수입 물량이 급증하고, 하부조직이 없는 관계로 발족 초부터 축산농가의 지탄을 받았다. 이에 국보위는 사회적으로 문제가 되는 '축산진흥회'를 해체하고 '축협중앙회'를 설립도록 하였다.

1958년 '축산동업조합'이 농협으로 흡수된 지 22년 만에 다시 농협에서 분리되어 우리나라 최초로 전 세계에 유례없는 종합기능을 갖춘 전국 규모의 전문협동조합연합회가 설립되었다. 농업과 축산업의 분리는 전문경영시대의 서막을 알리는 것이었다. 그러나 아이러니하게 역사는 20년 후 외환위기로 인해 경제계의 기업 효율화를 위해 축협은 또다시 농협으로 통합하게 되었다. 이러한 법개정을 통해 조합이 농협사업 추진 주체가 되었으며, 조합운영 제도의 개선으로 단위조합의 자율성이 확보되었다. 아울러 농업인 실익증진을 위해 주산지별 '경매식 집하장'을 설치하는 등 농산물 유통개선을 추진하였고, 영농자재를 적기에 저렴한 가격으로 공급하기 위하여 구매사업을 확충하였다.

농협은 정부주도의 하향식으로 설립되었기에 정부로부터 통제와 규제를 항상 받아왔다. 그러하기에 특히 대통령이 중앙회장을 임명하고, 중앙회장이 조합장을 임명하는 체제하에서는 민주적 관리체계를 구축하는 것은 어렵다. 그리고 중앙회의 사업계획과 수지예산에 대해 주무부장관의 사전 승인을 받게 되어있는 것도 농협의 자율성을 크게 제약하는 요인이 되었다.

이러한 분위기에서 1987년 당시 노태우 민정당 대표의 대통령 직선제 개헌과 사회 민주화 물결로 농협의 자율권을 주창한 결과, 1988년 7월 법률개폐특위에서는 '농협법'을 악법으로 규정하고 여당의 지지를 받아 1988년 12월 31일 '새 농협법'을 개정하게 되었다. 이 법에 따라 중앙회장은 회원조합의 장이 직접 선거로 선출하고, 단위조합의 장은 조합원이 직접 선출하게 되어 행정적인 지방자치제보다 1년 먼저 농협 민주화가 시작되었다.

이때 추진한 조합장과 중앙회장의 직선제 도입은 밝은 면도 많지만, 반대로 어두운 면도 있다. 읍·면 단위의 작은 지역사회에서 조합장 선거의 후유증으로 조합원 간, 임직원 간 분열과 갈등이 자주 발생하는데, 이는 조합의 건전한 발전을 가로막는 요인이 되고 있다.

경제단체인 농협의 조합장과 중앙회장 선출 방식에 있어 직선제와 간선제 중 어느 것이 합리적인 방법인가에 대해 논란은 지금도 계속되고 있다. 농민조합원 정서에 충실한 측면을 보면 직선제 선택이 불가피하다. 그렇지만 협동조합의 민주관리 원칙은 운영이나 임원 선임에 있어서 민주적인 방법으로 해야 한다는 뜻으로 꼭 직선제를 택하라는 뜻은 아니다. 협동조합은 정치단체가 아닌 경제단체이므로 '정통성'이 아닌 '합리성'을 판단 기준으로 삼아야 한다는 주장도 설득력이 있다.

1990년대 초기 쌀수입개방을 반대하다

1990년대에는 시장개방이 본격적으로 움직이기 시작했다. 특히 우루과이라운드(UR)[2] 등 1980년 후반에 불어 닥친 세계농산물 시장 개방 기조는 농협이 새로운 시장환경에 적극적으로 대응해야 하는 이유가 만들어졌다. '예외 없는 관세화' 협상 초안이 만들어 지면서 한국의 주요 작목뿐 아니라 쌀마저 개방될지 모른다는 위기감이 돌았다. 일부 개방론자들은 쌀 수입개방 대세론까지 나오면서 농협은 1991년 10월에 '쌀 등 농가의 주요 기간작목은 절대 개방해서는 안 된다.'라는 결의를 다지고, 제네바에 농협 대표단을 급파해 우리 주장을 전달했다. 그해 11월 11일부터 쌀 수입개방 반대에 대한 국민적 공감대를 형성하고, 정부의 협상

---

2 관세 및 무역에 관한 일반협정(GATT)의 제8차 다자간 무역협상.

력에 힘을 실어주기 위해 '쌀 수입개방 반대 서명 운동'을 전개하였다. 추운 겨울 날씨에 휴일도 반납한 채 임직원들의 헌신적인 노력과 국민의 뜨거운 성원으로 12월 18일 서명 인원이 1천만 명을 돌파했고 최종 집계한 결과 총 서명 인원은 1,307만8,935명으로 확정되었다. 이러한 서명 운동 실적은 '최단시일 내 최다서명'이라는 세계적인 진기록으로 인정되어 1992년 6월 11일 자로 기네스북에 등재되었다. 그뿐 아니라 농협은 쌀 수입개방 반대 서명 운동에 이어, 신토불이(身土不二) 운동, 농도불이(農都不二) 운동, 우리 농산물 애용운동 등을 지속 전개하였다.

1986년 9월에 시작된 우루과이라운드 협상은 당초 목표로 한 타결시한보다 3년이나 늦은 1993년 12월 15일에 최종 타결됐다. 각국의 이해관계가 얽혀 그만큼 농업협상이 어려웠기 때문이다. 우리나라는 농업부문에 대해서 쌀 수입개방 반대에도 불구하고 개발도상국의 지위를 인정받아 10년간에 걸쳐 관세와 보조금을 감축하게 됐다. 그리고 쌀은 일본과 함께 예외적으로 관세화 유예조치를 받았다. 그 대신 우리나라는 쌀에 대해 의무수입량을 1995년에 국내소비량의 1%를 시작으로 1999년에는 2%, 2004년에는 4%까지 늘리기로 했다.

쌀에 대한 수입개방을 완전히 막을 수는 없었지만, 일본보다 유리한 조건으로 관세화 유예조치를 얻어 낸 것은 정부의 협상 노력과 함께 우리 농협이 민간차원에서 우리 농업의 실상과 특수성에 대해 가트(GATT)와 미국 등 주요국의 협상 관련 인사에게 설명하고 이해시키는 활동을 적극적으로 했기 때문이다.

쌀 수입개방 반대에 맞춰 우리 쌀의 품질 경쟁력과 고품질 쌀을 생산하기 위해 미곡종합처리장(RPC)을 1991년 의성 안계, 당진 합덕을 시작으로 전국 농협에 RPC가 설립되기 시작했다.

우리 김화농협도 1998년 RPC를 설립하여 농가의 벼를 수매하여 판매하고 있다. 현재 전국 농협의 RPC는 132개가 운영되고 있다.

WTO 출범에 따른 1990년대 중반 농협의 대응

WTO 체제 출범에 따라 1994년 12월 '농협법'이 개정되었다. 농협법 개정의 주요 내용은 중앙회장의 자격이 조합원으로 한정되고, 중앙회 이사 중 회원조합장 비율이 3분의 2로 확대되었으며, 1가구 2인까지 조합원으로 가입할 수 있는 복수조합원 제도가 도입되었다. 또한, 단위조합은 지역조합으로, 특수조합은 전문조합으로 명칭이 변경되고, 농협중앙회는 독립사업부제를 도입하였다. 농협은 위기에 처한 농업·농촌을 살리고 조직 및 의식개혁을 통해 국내외적인 환경변화에 대응하기 위하여 '농협개혁 추진방안'을 수립하고, 농협운영 방침을 '농민본위(農民本位)·항재농장(恒在農場)·실사구시(實事求是)'로 재정립하였고 이의 실천을 위해 '농업인 실익 100대 사업'을 전개하였다.

이에 따라 농업인을 위한 전문적인 의료 서비스를 제공하기 위하여 각종 의료기관과 의료지원 협력을 체결하였다. 그리고 농업인의 민·형사상 법률적인 어려운 문제를 해소하기 위해 대한법률구조공단과 무료 법률구조협약을 맺어 법률구조 사업을 전개해 오고 있다.

WTO 체제 출범 후 농협은 「농업인에게 실익을, 소비자에게 만족을」 제공하는데 최대 역점을 두고 '제2차 유통개선 3개년 계획(1994~96년)'을 추진하였다. 농협은 새로운 물류체계를 확립하여 농산물의 새로운 유통질서를 선도한다는 목표 아래 1995년 5월 유통자회사인 '㈜농협유통'을 설립하고 1998년 1월에는 '양재물류센터', 5월에 '창동유통센터', 9월 '청주유통센터'를 개장하여 우리나라 농산물 유통의 새로운 시대를 열었다. 그러나 1997년 말 한국의 외환위기는 어느 경제집단도 피해가기 어려운 상황이었다. 따라서 농협도 자체 구조개혁을 추진하면서 새로운 2000년을 맞이하게 되었다.

새 천 년의 희망은?
−2000년의 농·축·인삼협 통합과 지속적 농협개혁 요구!

1997년 11월 외환위기로 인해 '축협중앙회'와 '인삼협중앙회'가 경영위기에 봉착하자 정부는 '농협중앙회'와의 통합작업을 추진하여, 2000년 7월 1일 농·축·인삼협을 통합한 농협중앙회가 출범을 하였다. '농·축·인삼협중앙회'의 통합으로 농협은 시너지효과가 제고되었고, 중앙회 BIS 비율도 10.2%로 은행권 최고 수준에 달하여 회원농협 지원을 위한 기반을 더욱 공고히 하였다. 한편, 외환위기를 맞아 농협은 회원조합 구조개선을 추진하여 조합의 경영 건전성을 제고하였으며, 협동조합 사업을 위한 신용사업의 수익센터 역량을 강화하였다.

그러나 통합농협 내에서 농협과 축협의 갈등은 지속되었고 이에 따른 이명박 정부의 '농협의 개혁' 목소리는 점점 더 거세어 갔다. 이에 따라 농협중앙회는 2008년 6월 '농협운영 쇄신방안'을 마련한 후 2009년 1월 자체 개혁안을 발표하였다. 그리고 2009년 10월 '사업구조 개편방안'을 대의원회 의결 후 정부에 건의하였다. 정부는 농림수산식품부 산하 농협개혁위원회가 '농협중앙회 신용·경제 분리 추진방안'과 농협의 '사업구조개편방안'을 참고한 후 2009년 10월에 농림수산식품부에서 '농협중앙회 사업구조 개편안'을 확정토록 하였다. 그 후 정부는 농업협동조합법 개정안을 국회에 제출하여, 2011년 3월 국회 본회의를 통과하여 공포되었다.

개정 농협법의 주요 내용은 농협중앙회가 지도·교육사업과 상호금융 부문을 담당하고, 경제사업과 신용사업을 분리하여 '농협경제지주회사'와 '농협금융지주회사'를 신설하도록 하고 있다. 즉 1중앙회-2지주회사 체제로 개편되어 중앙회는 조합 및 농업인 교육·지도 등을 담당하고, 경제지주와 금융지주의 지분을 소유하고 통제하는 한편, 배당과 명칭사용료를 회수하여 경영을 유지하도록 하였다. 이에 '농협경제지주회사'는 농축산물 판매·유통·가공·농자재 생산 등의 부문을 담당하고, 직접 사업을 수행하는 17개의 자회사를 소유하게 되었다. 반면 '농협금융지주회사'는 은행·보험·증권·캐피탈·선물·리츠 등의 신용사업을 담당하고, 직접 사업을 수행할 8개의 자회사를 소유하게 되었다.

이러한 사업구조개편의 목표는 협동조합기업의 전문화이다. 즉 '판매 농협구현'과 조합원에게 농산물 유통을 개선하여 안정적인 판로를 확보하는 '경제사업 활성화'라고 볼 수 있다. 그러나 과도한 투자 및 부실한 경제사업 계획으로 효율적인 유통개혁은 아직도 진행 중이다.

2010년대 '농업 가치 헌법반영' 추진

헌법개정 논의가 시작된 2017년은 농업에 대해 그 가치를 다시 생각하게 하였다. 농업의 소중한 가치가 헌법에 반영하도록 1,000만 명 서명운동을 다시 추진한 해이다. 1987년 헌법개정 이후 30년 만에 개헌 논의가 본격화되기 시작한 것이다. 새로운 헌법에 반영할 내용에 대해 분야별 다양한 목소리가 나왔고 농업계도 농업·농촌에 대한 관련 조문을 시대적 흐름에 맞게 변경시켜야 한다고 목소리가 나왔다. 특히 새로운 헌법에 농업·농촌의 공익적 역할과 그에 따른 국가의 지원의무를 구체적으로 명시하기 위해 범농업계가 힘을 함께 하였다. '농민헌법 개헌운동' 선포식에서 전국농민회총연맹 김영호 의장은 "밥상을 책임지는 농민이 웃어야 국민이 웃는다. 식량과 농업의 가치를 헌법에 담아서 농민과 모든 국민이 함께 행복해야 한다."라고 강조하였다.

농민헌법운동 본부가 내세우고 있는 헌법에 반영할 농업조항은 "농민권리, 농업가치, 먹거리 기본권" 등 아래의 세 가지이다.

첫째, '농민권리'는 헌법이 노동자들에게 최저 임금을 보장하듯, 농민들에게 농산물 최저가격을 보장하자는 뜻이다.

둘째, '농업가치'는 농업이 식량생산 이외 환경보전, 식량안보, 지역경제발전, 문화 등의 다원적 기능을 포함해야 한다는 것이다.

셋째, '먹거리 기본권'은 '국민은 누구나 식량을 안정적으로 공급받아야 한다'라는 권리와 이는 '국가적 책임'이라는 것을 헌법에 명시하자는 것이다.

그러나 정치권은 개헌에 이견을 보이면서 개헌작업이 더디게 가고 있어 농협은 2017년 11월 1일 '농업가치 헌법반영 국민공감운동' 결의대회를 개최하고 1천만 명 서명 운동에 돌입하였다. 서명 운동을 추진한 지한 달 만인 11월 30일에 1천만 명 서명이 달성하였다. 이 서명 운동이가지고 있는 가치는 비교우위론에 의한 천덕꾸러기 신세로 전락한 농업을 다시 국민과 언론에 재조명을 받고 국민들 마음속에 멀어져 갔던 농업·농촌에 대한 재인식의 계기가 되었다. '농업가치 헌법반영' 1천만 명서명자 돌파는 '최단시일 내 최다 인원 서명'이란 기록으로 기네스북에오른 1991년 쌀 수입개방 반대 서명 운동 때 보다 8일이나 앞당겨졌다.쌀 수입개방 반대서명 운동이 신토불이 정신을 되새기는 동력이 되었듯이, 이번 '농업가치 헌법반영' 서명 운동은 농업의 공익적 가치를 국민에게 알리는 계기가 되었다. 그러나 2018년 말이 되어도 정치적 혼란 속에서 개헌은 이루어지지 못하고 '농업가치 헌법반영'은 뒷날을 기약하며다시 수면 아래로 가라앉았다.

현재 우리나라 식량 자급률은 22%에 불과하다. 우리는 이번 코로나19 사태를 지나면서 지난해 각국의 봉쇄조치로 수출입 교역이 줄고 식량 수급이 불안정해지는 상황이 발생한 것을 지켜보았다. 코로나 백신이 나오지 않는 상황에서 만약 미국, 호주 등 농산물 국가에서 농산물 수출을 금지한다면 우리나라는 어떻게 될까? 국내 농업을 포기하고 수입으로 먹거리를 해결한다면 이러한 상황에서 국민이 지불해야 할 비용은 천문학적일 것이다. 그런데 그마저도 수입을 못 한다면 '우리 국민은 어떻게 될까?'라는 우려를 지울 수 없다. 코로나19를 통한 교훈에서도 결국 농업의 중요성, 농업의 가치가 다시 강조될 수밖에 없다.

비록 헌법에 농업가치는 반영되지 못하였어도 농업·농촌의 역할이 생산 중심에서 치유의 영역까지 확장하고 있는 현시점에서 이전의 고려대 양승룡 교수의 연구보고서 '농업·농촌의 가치평가'를 다시 소개한다.

> 농업의 공익적 가치는 86조2,907억 원, 임업 75조6,913억 원, 어업(갯벌) 3조7,130억 원으로 농림어업 전체의 공익적 가치 합계는 총 165조6,950억 원에 달한다. 그리고 농생명산업으로서 농림수산물의 생산업, 투입재 산업, 식품가공업, 외식산업, 관련 유통업, 비식용 가공산업, 어메니티 산업 등을 합친 농업의 산업적 가치는 85조8,116억 원으로 조사했다. 농업의 공익적 가치와 농업의 산업적 가치를 합치면 농생명산업의 총 가치는 251조5,066억 원에 달한다. 이는 연간 농업생산액 45조 원의 5배가 넘는 수치이다.

양승룡 교수는 시장에서 "소비자들이 쌀을 거래할 때 논 농업의 환경보전 기능에 대한 가치를 지불하지 않은 것처럼, 농업의 다원적 기능은 시장에서 외부 효과와 공공재적 특성으로 인해 그 가치를 인정받지 못하기 때문에 정부의 정책적 개입이 필요하다."라고 강조했다. 이를 위해 "농업의 다원적 기능은 공공재로서 시장에서 문제를 해결하지 못하는 '시장 실패'가 나타나는 만큼, 국민에게 이를 원활하게 공급하려면 국방이나 치안처럼 국가가 개입해야 한다."라고 주장했다.

4.

한국협동조합의 산파
"권태헌(權泰憲)" 선생님!

한국에 협동조합론을 이야기할 때 가장 부끄러운 대목은 우리의 협동조합사상이나 협동조합사상가로 소개할 수 있는 분이 많지 않다는 사실이다. 그래서 한국협동조합을 만들고 직접 협동조합 운동을 하신 한국의 「로버트 오웬(Robert Owen)[3]」이신 권태헌을 소개한다. 앞에서 언급했듯이 나는 1987년 처음 농협에 입사할 때 솔직히 당시 협동조합이 무엇인지도 몰랐고 단지 은행사업을 하면서 일찍 퇴근하는 직장으로 알고 농협에 시험을 봤다. 보은군지부에 발령을 받아 신용 대출업무를 하면서 협동조합과 은행의 관련성에 대한 의식도 없이, 매일 반복되는 야근을 하면서 농협직장에 대해 많은 회의를 갖게 되었다.

---

3 협동조합의 아버지라 불리는 로버트 오웬(1771~1858)은 영국에서 방적공장을 협동조합으로 운영하고 영국 각 계각층을 돌며 협동조합 마을을 만들었다. 후에 미국으로 건너가 인디애나주 마을을 구입해 뉴 하모니(New Harmony)라는 협동공동체를 건설했다. 합리적 사고방식, 협동, 자유교육을 통해 인류를 구원할 수 있는 협동공동체를 건설했지만 실패하고 다시 영국으로 돌아왔다. 그의 후계자들이 오웬의 사상을 실천하여 1844년 로치데일에서 마침내 협동조합이 성공을 거두게 되면서 전 세계에 꽃을 피우게 되었다.

당시 소값 파동, 쌀값 파동으로 인해 농민들이 군지부 앞에 와서 농협을 원망하며 데모를 했을 때 나는 농민의 소리에 무심한 채 나에게 주어진 일만 하고 있었다. 그 당시는 농업에 대해 확실히 알지 못했고 농협이 농촌에서 무엇을 하는지, 협동조합이 무엇인지 몰랐기에 신입직원 시절은 그렇게 흘러만 갔다. 후에 책임자가 되기 위해서 '농협론'을 공부하게 되었는데 책에 나와 있는 내용과 현실적으로 내가 하고 있는 업무와 실제적인 괴리가 있음을 알게 되었다. 책임자가 된 후에는 신용부서에서 경제사업 부서로 이동을 하게 되었고 유통과 가공, 무역을 접하면서 서서히 농업인의 어려움과 우리 농업의 현실, 농협의 역할에 대해 적잖은 고민을 하게 되었다. 이러한 마음으로 농산물을 어떻게 하면 잘 팔 것인가를 생각하며 마케팅을 배웠고, 나중에는 해외에 농산물을 수출하면서 자부심도 생기게 되었다.

그런데 어느 날 농업협동조합의 역사를 찾다가 우연히 사무실 서고에서 「위대한 한 알의 밀알」이라는 책을 보고 한국협동조합을 만든 분이 '권태헌 선생님'이라는 것을 알게 되었다. 우리 농협에서 70년대 옛 선배님들은 권태헌 선생에 대해 많이 알고 계시는데 '90년대 이후 입사한 후배들은 잘 모른다. 권태헌 선생은 「한국농업협동조합의 탄생」의 입법과정을 통해 한국에서 협동조합이 얼마나 어렵게 설립되었는지를 생생하게 증언하고 있다.

이러한 소중한 분을 농협 내에서도 제대로 교육받지 못했고, 협동조합 이야기를 할 때면 대부분 사람은 일반적인 '로치데일 협동조합' 이야기만 많이 했다. 따라서 이제는 한국에서도 협동조합을 위해 애쓴 권태헌 선생을 다시 알아야 한다는 생각으로 오늘 그분이 협동조합을 위해

농협대학교 교정에 있는 권태헌 선생 흉상

걸어온 길을 소개하겠다. 이 내용은 「위대한 한 알의 밀알이」라는 '태헌장학회'에서 발간한 책을 요약 정리한 것이다.

권태헌 선생은 일제 강점기 열아홉에 현해탄을 건너 일본에서 문학의 꿈을 꾸었으나 나중에 공부를 포기하고 한국으로 돌아오게 되었다. 그러나 조국은 꿈많은 청년을 키워줄 수 없어 결국 도피하듯 이번엔 만주로 건너가게 되었고 봉천성 요원현에서 스물세 살에 첫 협동조합 업무를 하게 되었다. 만주에서는 구 농회를 해산하고 농사합작사(農事合作社)를 설립하고 있었는데 당시 권태헌 선생이 일을 맡게 된 것이었다. 중국에서 합작사란 협동조합을 뜻하고 있는데 내가 북경에 근무했을 때 같이 일했던 협동조합 파트너가 바로 '공소합작사'이다. 후에 권태헌 선생이 있던 농사합작사는 금융합작사와 합병하여 후에 '흥농합작사(興農合作社)'가 되었다.

몇 년 후 권태헌 선생은 봉천성에서 흑룡강성 하얼빈 부근의 「량쟈쯔(兩家子)」 마을의 협동농장으로 갔다. 이 농장은 사업가 공진항(孔鎭恒)씨가 만주 광야에 흩어져 살고 있는 한국인 300여 농민을 모아 개설한 협동농장이었다. 이 농장에서 생산되는 옥과 같은 쌀은 중국인뿐 아니라 일본인한테도 인기가 있었다.

　프랑스 소르본(La Sorbonne) 대학 출신인 공진항 사업가는 만주에 있던 20대 청년들의 유일한 지도자이며 우상이었다. 후에 공진항씨는 초대 농협중앙회장이 되었고, 이러한 인연으로 권태헌 선생은 만주 시절부터 협동조합 운동을 시작하였고 또 훗날 농협에서도 근무하게 되었다.

　권태헌 선생은 서른한 살에 만주에서 8·15 광복을 맞이하게 되자 한 달 만에 곧장 귀국길에 올랐다. 권태헌 선생은 기차간에서 짐짝이 되면서도 해방 후 새로이 전개될 미래에 대해 생각을 하였다. 그는 "인간은 공동생활을 협동형태로 이루고 있다. 새로운 한국이 풍부하고 아름답기 위해서, 도시는 소비조합 운동이, 농촌은 농업협동조합 운동이 일어나야 한다. 이를 위해서 생활교육이 선행되어야 한다."라고 굳게 믿고 귀국 후 '신생활사(新生活社)'를 창설하셨다. '신생활사'에서 양재과정, 생활강좌 등 교육을 하였지만 결국 개인재산을 털어도 운영할 수 없는 단계가 되어 나중에는 공민학교로 개편하였다.

　이러한 어려운 생활 가운데 권태헌 선생은 농림부에 특채되어 농촌지도국 제1과에서 농업협동조합법의 입법 활동을 시작하게 되었다. 제헌국회부터 3대 국회 때까지 농협법 제정을 위해 성실히 노력한 권태헌 선생 때문에 농협법안은 마침내 1957년 2월 1일 제3대 국회 23회 임시회의 17차 본회의에서 통과되었다. 즉 신용사업을 전담하는 '농업은행'과 경제사업을 담당하는 '농업협동조합'이 각각 이원화된 조직으로 탄생하게 된 것이다.

　그는 1957년 2월 14일 농업협동조합법안을 공포하기로 대통령의 재가를 받고 「농업협동조합법의 공포에 즈음하여」라는 담화문 문안을 작성하였다. 정부수립 후 농지개혁과 더불어 2대 과제였던 농협법을 이 세상에 내놓기 위해 선생이 노력했던 많은 일이 주마간산처럼 나의 머리를 스쳐 지나갔다.

　이러한 농업협동조합 설립의 기초를 닦은 권태헌 선생은 농촌진흥청 서무과장으로 재직을 하다가, 초대 농협중앙회 공진항 회장이 「물고기는 물에서 놀아야지」라면서 제의한 농협중앙회 총무부장직을 수락했다. 권태헌 선생은 당시 농협에서 월급을 제대로 줄 수 없을 것을 알면서도 농림부에 사표를 제출했다. 그는 농림부 공무원 생활을 결별하기는 어려웠지만, 평생 원하는 협동조합 운동을 "대우가 좋다고 해서 가고 대우가 나쁘다고 해서 도피하면 안 된다."고 생각했다. 이렇게 시작된 농협과의 인연은 농협설립 이전에도 농협설립 이후에도 계속되었고, 후에 농협신문도 창간하고 농협대학 학장, 서울시 조합장 등을 역임하셨다.

　지금도 선생님의 아드님과 가끔 전화 통화를 하는데, 남은 우리들도 한국협동조합의 거목을 우리가 좀 더 알고 배우며 그분의 정신을 협동조합에 함께 녹여내야 하겠다.

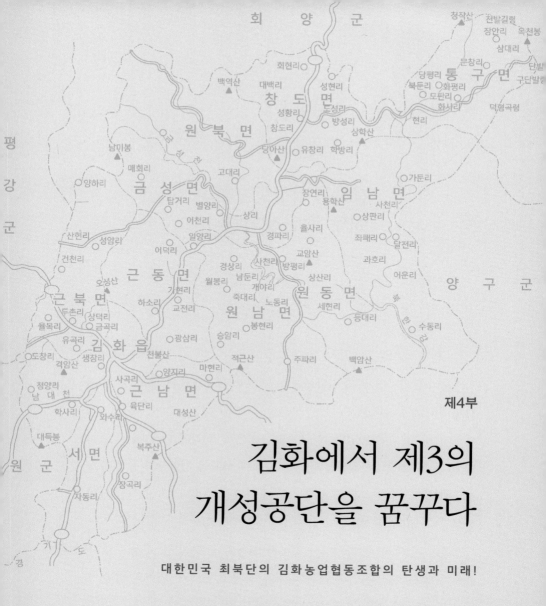

제4부

김화에서 제3의
개성공단을 꿈꾸다

대한민국 최북단의 김화농업협동조합의 탄생과 미래!

1.

김화농업협동조합은
어떻게 탄생되었나?

거슬러 올라가면 본래 김화(金化)의 지리적 배경은 8.15 광복 당시 1읍 11개 면(김화읍, 서면, 근북면, 근동면, 원남면, 원동면, 임남면, 금성면, 원북면, 창도면, 통구면)으로 되어있었다. 인구는 92,622명에 면적이 1,558㎢ 으로 제법 넓은 지역이었다. 김화군은 1914년 원래 서쪽의 김화군과 동쪽의 금성군이 합쳐져 생긴 고을로서 김화군이 한탄강 수계(水系)이고, 금성군은 북한강 수계(水系)로 둘 사이에는 산이 가로막혀 있었다.

그런데 이 두 군을 합치면서 김화군 지역은 근북, 근남, 근동, 근서(나중에 서면으로 바뀜) 등 가까울 근(近)자를 붙였고, 금성군 지역은 원북, 원남, 원동 등 멀 원(遠)자를 붙였다. 어찌 보면 서울을 기준으로 김화는 가깝고 금성은 멀기 때문에 그렇게 이름을 부른 것이다.

1945년 9월 2일 미국과 소련이 38선을 경계로 한반도를 분할 점령하면서 김화군 전 지역이 소련군정 관할 아래 북한 땅이 되었다. 한국전쟁

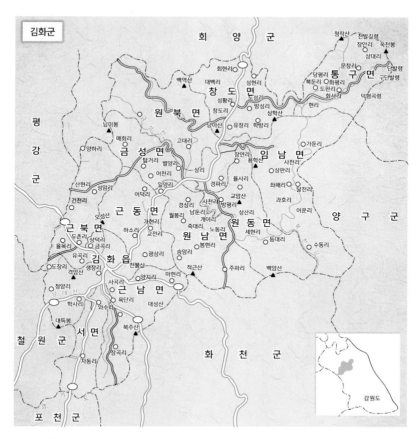

해방전 김화군 지도 참조 출처 나무위키

이 끝나고 휴전이 되면서 김화는 비무장지대를 기준으로 남북으로 분단되어 남쪽이 490㎢, 북쪽이 1,058㎢로 갈라지게 되었다. 이때 북한의 김화군과 남한의 김화군으로 나누어지게 되었다.

　남한의 김화군 땅은 1읍 7면 즉 김화읍과 서면, 근남, 근동, 근북, 원남, 원동, 임남면으로 북한 김화군의 남쪽 일부 땅까지 포함되어 있다.

1954년 11월 17일에는 철원군과 김화군의 행정권이 군정(軍政)으로부터 강원도로 이양되었다. 이때 철원군은 1읍 3면으로 철원읍과 갈말면, 동송면, 신서면이 있었다. 당시 수복지구 임시행정조치법을 제정할 때 정부 원안에는 김화군의 수복지역을 철원군에 합병시키는 것으로 계획을 했다가 나중에 국회에서 수정되어 기존의 김화군(金化郡)을 그대로 설치하게 되었다. 그러나 1962년 11월 수복지구와 동 인접지구의 행정구역에 관한 임시조치법이 공포되면서 1963년 1월 1일 김화군은 끝내 철원군에 병합되어 대한민국이 실효 지배하는 김화군은 사실상 폐지되었다. 그리고 철원군 신서면은 경기도 연천군에 이관되었다.

　북한에 속하게 된 김화군도 북한 행정구역 개편으로 일부 금성면 지역은 김화군으로, 옛 창도면, 통구면 지역은 창도군으로, 옛 근동, 근북

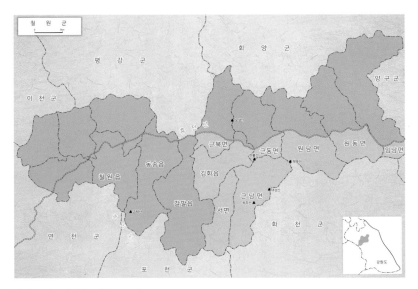

철원군 지도와 북측 김화군 구역

일부 지역은 평강군에 편입되었다. 결국, 예전의 김화군은 남쪽의 철원군을 포함하여 네 지역으로 갈래갈래 찢어지게 된 셈이다. 이렇게 분단으로 인해 찢기고 남·북한에서 행정구역 개편으로 갈라진 군은 대한민국에 오직 김화군밖에 없을 것이다.

오늘날 김화군 복원운동이 벌어지고 있으나 인구가 매우 적어 김화군 복원은 현실적으로 어려워 보이지만 남북통일이 이루어지면 김화군 복원은 급물살을 탈 수 있을 것이다. 간혹 옛 어르신들이 김화(金化)를 '금화(金化)'라고 부르는데 한국전쟁 지도에는 '금화'로 적혀 있는 것으로 보아 과거의 공식명칭은 '금화'라고 할 수 있다. 우리가 한자로 쇠 금(金)을 성 김(金)으로 읽으면서 '금화'가 김화로 바뀐 것이다. 아직도 금화프라자, 금화식당, 금화정육점 등의 이름이 많은데 어르신들은 '금화'라고 종종 이야기하고 있다.

나는 이러한 철원 김화의 아픈 역사를 바라보면서 다시금 김화지역의 협동조합 역사를 돌아보며 그 중심이 된 농업협동조합의 역사를 되새겨본다. 1961년으로 올라가면 그해 당시 5·16 사태가 일어나 박정희 군사정부는 '협동조합을 재편성하여 농촌경제를 향상시킨다.'라는 방침에 따라 구농협과 농업은행을 통합하는 '농업협동조합법'을 제정하였다.

이 법에 따라 우리가 알고 있는 종합농협이 드디어 탄생하게 되었다. 발족 당시 농협은 기초 단계인 마을 단위의 이동(里洞)조합과 중간단위인 이동조합의 시·군단위 연합조직, 그리고 가장 큰 통합단위인 시·군조합과 시·군조합의 전국단위 연합조직으로서 중앙회의 3단계 계통조직으로 출범을 하게 되었다.

| 마을별
이동조합 | → | 시·군조합 | → | 농협중앙회 |

〈1961년 농업협동조합의 3단계 조직〉

농협중앙회는 이동조합의 규모가 영세하여 협동조합으로 역할을 제대로 할 수 없어 1964~1968년까지 여러 이동조합의 합병운동을 전개했다. 이 기간에 했던 1차 합병운동은 조합원 규모 200호를 기준으로 한 소규모의 통합운동으로 대부분 조합의 사업량 확보나 자기자금 조성면에서는 경제의 규모에 크게 미달하였다. 이후 1968년 말경에는 16,089개의 이동조합 가운데 조합원 200명 이상인 조합은 16%인 2,641개에 불과하고 조합당 평균 조합원 수는 139호에 불과해 경제단체로서의 효율적인 기능발휘와 자립적인 경영기반 조성이 어려운 실정이었다.

이에 따라 1969년 '농협중앙회'는 이동조합의 경영기반을 조성하여 대농민 지원업무를 전담하기 위한 읍·면 단위 이상으로 통합하는 2차 이동조합 통합을 불가피하게 추진하게 되었다. 이것은 단위조합의 경영규모를 확대하고 그 기능을 충분히 발휘할 수 있도록 1969년부터 영세한 이동조합을 읍·면단위 대규모조합으로 통합을 추진하게 된 것이다.

그래서 '농협중앙회'는 조합원의 자율적인 의사를 바탕으로 읍·면단위 통합운동을 전개할 수 있도록 「단위조합육성 3개년 계획」을 세웠고, 이어 「단위조합자립 5개년 계획」도 추진하였다.

「단위조합자립 5개년 계획」을 자세히 보면

첫째, 조합원의 자발적 참여를 바탕으로 한 상향식 농협조직의 확립,

둘째, 중앙회 업무와 권한을 회원조합으로 점차적 위양,

셋째, 시·군조합의 중앙회 의존 지양과 단계적인 단위조합 이양,

넷째, 계통조합의 자기자금 조성 확대,

다섯째, 농민의 자조적 협동사업의 적극적 확대 등의 내용을 포함하
고 있다.

이러한 계획의 구체적 실행 방안으로는

① 이동조합의 합병을 통한 적정 경제 규모의 확보,

② 사무실을 비롯한 창고, 구판장 등 단위조합 종합시설 확충

③ 자기자금의 조성 및 상호금융 확대,

④ 단위조합 하부조직인 작목반 육성 등이 있다.

이를 통하여 단위조합의 대단위 합병을 통한 조합경영 자립화와 사업
기능을 활성화시켜 단위조합이 농협운동의 중심체가 되도록 육성하자
는 취지이다. 이러한 상황에서 1969년 김화지역에도 산재한 마을별 이
동조합이 면단위 소규모로 통합을 추진하여 와수리이동조합, 육단리이
동조합, 자등리이동조합, 학사리이동조합, 청아리이동조합, 도창리이동
조합, 잠곡리이동조합 등이 설립되었다.

그러나 김화지역의 소규모 통합도 이동조합의 영세성으로 인해 사업
기능이 취약하여, 1970년대 초까지 각종 농협사업은 군조합 중심으로만
추진되었다. 결국, 이러한 소규모통합은 경제적 효과가 없어 다시 2차

읍·면단위 대규모 통합을 추진하게 되었다.

1970년 김화농협은 김화의 지리적 특성에 따라 서면, 김화, 근남면에 있던 이동조합이 「김화단위이동농업협동조합」으로 3개면 단위 대규모 통합이 되었다. 즉 서면(와수리이동조합, 자등리이동조합), 김화읍(학사리이동조합, 청아리이동조합, 도창리이동조합), 근남면(육단리이동조합, 잠곡리이동조합)에 있는 이동조합이 통합되어 '김화단위이동농업협동조합'으로 출범을 했다. 그러나 출범은 하였지만, 조합장만 혼자 있는 명목상의 유명무실한 협동조합이었다. 왜냐하면 철원군조합 김화지소에서 비료, 농약의 구매사업과 농산물 판매사업 등 경제사업을 대부분 취급하고 있었기 때문이다.

'농협중앙회'는 이렇게 조합장 혼자만 있고 사업을 추진할 수 없는 「김화단위이동농업협동조합」 같은 명목상 협동조합을 농협운동의 중심체로 육성하기 위하여 1970~1972년까지 3년 동안 「중점지원조합 육성계획」을 수립하였다. 중점지원조합의 선정기준은 ①면단위로 합병이 완료되고 ②자기자본 규모가 200만 원 이상이며 ③고정투자를 위한 여유자금을 150만 원 이상 보유하고 있는 조합으로 설정을 하였다.

이렇게 '농협중앙회'는 읍·면단위 합병을 끝낸 단위조합을 선정하여 1년 동안 중점 지원하였다. 즉 중점지원조합으로 선정된 조합에 대해 '상호금융업무'와 1970년부터 도입한 '생활물자사업'을 타조합보다 우선 착수하도록 하였다. 또 군조합이 맡고 있던 4대 사업인 ①농업생산력 향상을 위한 비료·농약 등의 농자재 구매사업 ②농사자금 공급 ③농산물 판매사업 ④공제사업 등을 우선 이관하여 조합 사업기반을 확충하는 데 주력하였다. 그리고 사무실, 연쇄점을 포함한 종합시설을 우선 설치하도록 보조 및 장기저리의 융자금을 지원하고 영농지도부장의 급여를 보조하였다.

이와 같은 중점지원방침에 따라 통합운동을 적극적으로 추진한 결과 전국적으로 1968년 16,089개의 이동조합이 1970년 5,859개로 합병하였고 1973년 1,549개의 읍·면단위조합으로 통합되었다. 이에 따라 조합당 조합원 수도 1968년엔 139명에 불과하였지만 1973년에는 1,400여 명으로 크게 늘어 단위조합의 자립화와 기능화를 위한 조직 기반이 크게 마련되었다.

철원군 관내 중점지원조합 선정은 1970년 제일 먼저 동송조합, 1971년 갈말조합, 1972년 김화조합, 1973년 철원조합 순으로 이루어졌다.

이러한 흐름에 부응하여 김화농협도 1972년 2월 11일 농협중앙회가 '김화단위농업협동조합'을 중점지원조합으로 선정하면서 철원군조합 김화지소의 4가지 사업을 이관받아 본격적인 사업을 확충하기 시작하였다. 초기에는 사무소가 없어 와수리 리사무소의 창고에서 직원을 채용하여 조합장을 비롯한 6명의 직원이 비료, 창고 업무를 시작했고, 7월1일 지도부장을 채용하여 지도사업을 강화해 나갔다. 이때부터 조합에서는 복합영농사업을 추진하여 와수3리, 청양3리, 사곡2리를 선정하여 쌀작목반과 더불어 번식우 사업을 함께 추진하였다. 이러한 사업을 추진하다보니 리사무소의 창고건물이 비좁고 조합원 이용에 불편을 주고 있어 12월 1일 새로운 사무소를 준공하고 출납, 예금, 대부계 직원을 충원하면서 상호금융업무를 시작하게 되었다. 김화농협에서 상호금융 대출업무를 취급하면서 김화지역에 만연한 고리채를 끊고 다시 농가들이 재기할 수 있는 역할을 하였다.

이러한 분위기에서 1973년부터 추수가 끝난 후 매년 10월 24일 「농촌 저축 추진 및 조합전이용 대회」를 개최하였다. 이 행사는 오전에 결의대회를 하고 오후에 김화, 근남, 서면, 조합직원 4개팀으로 나눠 축구, 줄다리기, 계주 등을 하였고 후에 새농민대회로 전통을 이어가고 있다.

그리고 1974년 5월 11일 생활물자 공급을 위한 연쇄점 사업을 시작하였고 같은 해 와수리에 있는 김화농협 본소를 이용하는데 멀리 근남면에 있는 조합원들이 불편하여, 근남면 육단리에 김화농협 근남지소를 개소하면서 사업을 확대해 나아갔다. 또한 서면사무소가 있는 자등리 조합원을 위하여 1977년 10월 1일부터 예금파출 수납업무를 시작하면서 자등지소 개설을 준비하였다. 이듬해인 1978년 1월 1일 김화농협 자등지소가 개설되었고 예금, 대출, 각종 농자재 공급등을 하게 되어 조합원들이 쉽게 이용할 수 있게 되었다.

〈김화농협의 명칭 변경 현황〉

1961년	1969년	1970년	1972년	1989년
김화, 서면, 근남 관내 부락별 이동조합	와수리, 자등리, 학사리, 도창리, 청아리, 육단리, 잠곡리 등 소규모통합 이동조합	3개읍면 (김화, 서면, 근남) 통합 김화단위 이동농업 협동조합	김화 단위농업 협동조합	김화 농업 협동 조합

김화농협 정관을 보면 김화농업협동조합의 기본 관할 구역은 철원군 김화읍, 서면, 근남면, 근북면을 일원으로 한다. 현재 사람이 살지 않는 철책선 부근의 근동면, 원남면, 임남면은 향후 남과 북이 평화로운 교류가 되고 많은 사람이 살게 되어 주민이 증가하면 김화농협의 관할 구역으로 편입이 될 것이다. 이렇게 김화농협은 합병 때문에 관할구역이 넓어진 것이 아니라 한국전쟁 후 김화군이 남북으로 분단되면서 남한에 있던 김화군 전역으로 조합의 관할구역이 확대된 것이다. 그래서 철원군 전체의 1/2 면적이 김화농협의 구역으로 편성된 것이다.

김화농협의 설립목적은 정관 제2조에 나타나 있다.

> 「우리 조합은 조합원의 농업 생산성을 높이고 조합원이 생산한 농산물의 판로확대 및 유통 원활화를 도모하며, 조합원이 필요로 하는 기술·자금·자재 및 정보 등을 제공함으로써 조합원의 경제적·사회적·문화적 지위를 향상시킴을 목적으로 한다.」

이것은 협동조합의 원칙에 나타나 있는 조합원을 위한 협동조합의 목적을 명확히 정관에 기재한 것이다.

> 이에 따른 김화농협의 경영이념은 다음과 같다.
> ○ 조합원과 함께 성장하는 농협
> ○ 조합원과 소비자에게 실익을 주는 판매농협
> ○ 지역 종합센터로서의 지역사회에 기여하는 농협

2022년도 김화농협 조직도

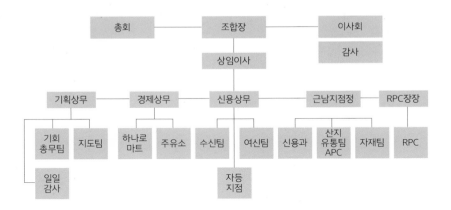

김화농협의 조직은 최고의결 기관으로 총회와 의사결정 기구인 이사회, 조합의 재산 및 업무에 대한 감사를 주된 기능으로 수행하는 감사가 있다. 그리고 조합을 대표하는 조합장이 있고 경제와 신용사업 업무를 총괄하는 상임이사가 있다. 또한, 상무 3명이 기획지도, 신용, 경제사업을 담당하면서 각 팀을 이끌고 있다.

표에서 보듯이 김화농협의 조직은 기획총무팀, 지도팀, 수신팀, 여신팀, 하나로마트, 미곡RPC팀, 근남지점 내에 자재팀, 산지유통팀(APC), 자등지점이 있다. 2022년에는 주유소가 신설되고, 하나로마트가 300평 매장으로 확장하면서 더욱 사업이 다양화되고 조합원을 위한 서비스가 향상될 것이다.

2.

김화농업협동조합의
사업의 종류와 목적

농협은 농가조합원이 경제적으로 필요한 다양한 서비스를 제공하는 종합사업체이다. 전체 사업의 영역을 보면

① 지도사업 위주의 교육지원사업과

② 농산물 판매와 영농자재 구매를 하는 경제사업

③ 은행업무를 하는 신용사업으로 크게 세 부문으로 구분하고 있다.

여기에 위의 부문별 사업마다 세부적 운영목적이 아래의 세 가지 항목으로 똑같이 적용 분류되어진다. 항목별 구분은

① 시장사업(business),

② 정책사업(government policy),

③ 지도지원사업(program)으로 나눌 수 있다.

시장사업은 협동조합이 시장경쟁을 촉진하거나 시장지배력을 확보하여 조합원에게 실익을 제공하기 위한 사업이다. 반면 정책사업은 정부의 정책적인 요구에 따라 농업인에게 공익적인 서비스를 제공하기 위한 사업으로 정책 목적의 보조금 사업을 협동조합이 대행하고 있는 사업이다. 여기에 지도지원사업은 조합원의 영농·생활·문화 등에 대한 욕구를 충족시키기 위해 지원하는 사업이지만, 다양한 사업을 영위하는 농협에서 이질화되고 있는 조합원의 공통적인 욕구를 충족시키기 위한 방편으로 활용되기도 한다.(임영선, 협동조합의 이론과 현실)

1970년 농협은 정부의 식량증산 정책에 맞추어 관련 기관과 함께 과학적 영농기술의 보급, 협업생산 장려, 영농자금의 적기 공급, 농기구 공동이용 촉진, 우량 종자의 공동구입을 위해 많은 노력을 하였다. 또한 녹색혁명을 위한 화학비료·농약 등의 공급을 위한 구매사업도 본격적으로 시작하였다. 그리고 농가의 고리채 문제를 해결하기 위하여 상호금융 사업 및 생활물자 사업 그리고 자기자본 확대를 위하여 '벼 한 가마니 출자' 운동 등을 꾸준히 전개하였다.

우리 김화농협도 1974년 연쇄점을 40평 규모로 시작하여 식품, 의류, 위생, 문방구, 주택자재, 잡화 등을 공급하였다. 이렇게 생활물자를 저가에 판매함으로써 농가의 소비지출을 절약하는 한편 상인들의 횡포로부터 농민을 보호할 수 있게 되어 조합원의 소비생활에 기여하게 되었고 농협에 대한 신뢰를 높이는데 큰 성과를 나타내었다.

1980년대에 비료 산업이 정부통제에서 자유 판매제로 전환됨에 따라, 농협중앙회는 수급조절 및 가격안정을 위해 비료업체와 전속계약을 체결하였고, 단위농협은 조합원에게 비료공급 전담체계를 구축하였다. 그리고 바쁜 영농철에는 원활한 영농자재 공급을 위해 분산판매와 성수기 무휴 판매제를 시행하여 조합원의 편의를 도모하였다. 이후 1990년대를 맞이하여 농협의 사업이 다각화하면서 조합원 중심의 경영을 추진하였는데 사업에 대해 자세히 살펴보면 다음과 같다.

김화농업협동조합 교육지원사업

교육지원사업은 다른 사업과는 달리 농협에 직접 수익을 가져오는 사업은 아니지만, 조합원의 영농과 생활을 지원하고, 조합원의 의식을 변화시켜 영농개선이나 생활개선을 도모하는 협동조합 본연의 중요한 사업이다. 따라서 일반 영리를 목적으로 하는 일반 회사에서는 수행하지 않는 협동조합만의 독특한 사업이다.

교육지원사업의 종류는 영농지도·생활지도·교육홍보사업 등이 있다. 영농지도사업은 농산물의 생산·판매는 물론 경영지도·영농조직 육성 등의 업무를 포괄하고 있다. 그리고 조합원 조직 육성, 생활지도 사업, 조합원 복지사업, 지역농업개발, 후계농업인 육성, 농정활동, 교육 및 홍보 등으로 다양하게 구분할 수 있다.

•영농 및 농업경영 기술교육
농협은 조합원의 영농기술 향상을 위하여 다양한 교육을 하고 있다.

사과재배 현장 교육

1990년대 농산물 수입개방 시대를 맞이하여 고품질의 우수한 농산물 생산을 위한 기술교육과 현장교육을 하였다. 농협 자체교육뿐 아니라 원예작물에 대해 중앙회 및 농업기술센터와 협력하여 교육의 효과성을 높이고 있다. 2000년대 들어서 김화지역에 원예작물 생산이 본격화되면서 가락공판장, 구리공판장, 강서공판장 등 직접 경매현장을 견학하여 산지와 소비지 유통에 대한 교육을 강화하였다.

그리고 대의원, 영농회장, 부녀회장 등 내부조직장을 대상으로 조합의 협동의식 고취를 위하여 선진지 견학을 함께 실시하고 있다. 협동조합은 '교육으로 시작해서 교육으로 끝난다'라는 말처럼 앞으로도 조합원에 대한 지속적인 교육을 강화하여 조합원으로서 자긍심과 기술교육을 통한 농업생산성 향상에 도움이 되도록 하고 있다.

제3기 장수대학 수료식

　또한 소비자의 안전한 먹거리 요청에 따라 김화농협의 대표적 특산물
인 오대쌀, 토마토, 파프리카에 대해 GAP 인증을 획득하여 판매하고 있
다. 이를 위하여 GAP 교육을 실시하여 오대쌀 GAP 인증 농가는 794
농가로 1,692ha 면적에 이르렀다. 토마토 GAP 인증 농가는 102 농가로
61ha, 파프리카 GAP 농가는 69농가, 40ha 면적이다. 최근의 기후변화
에 따라 철원에도 사과 생산 농가가 증가하고 있다. 이에 부응하기 위하
여 사과재배 전문가를 초청하여 사과 현장교육을 매년 실시하고, 파프
리카 대중국 수출을 위한 교육, PLS 교육 등 조합원에게 필요한 영농교
육을 농산물품질관리원, 농업기술센터와 함께 진행하고 있다.

　그리고 장수대학 등을 개최하여 다양한 교육프로그램을 제공하고 있
으며 건강, 자산관리, 취미, 예술 등 과목에 대해 원로 조합원으로부터
큰 호응을 얻고 있다.

• 지자체협력 지원사업

지도사업 가운데는 지자체와 협력하여 조합원의 농가경영비를 절감하는 사업을 실시하고 있다. 농협과 농산물 출하계약을 맺은 벼농가에게 정부 종자를 포당 3,500원씩 지원하고 더 나아가 못자리용 상토를 ha당 철원군비 50%, 농협 20%, 자부담 30% 비율로 지원을 하고 있다. 또한, 미량요소 복비 지원에 대해 ha당 20만 원을 군과 연계하여 지원하고 있으며 이를 통해 농가의 생산비 절감 및 우수한 벼를 재배토록 독려하고 있다.

그리고 병충해 방제에 따른 노동력 부족을 해소하고 적기 병해충 방제를 위하여 벼농가에게 공동방제를 ha당 군비 40%, 농협 40%, 자부담 20% 비율로 지원을 하고 있다. 이렇게 노령화된 농촌 현실에 따라 공동방제를 통하여 노동력 절감과 미질향상을 유도하여 철원오대쌀의 경쟁력을 지속적으로 강화하고 있다. 지원사업의 하나인 김화농협의 공동방제도 드론과 광역살포기를 병행하여 1차는 6월 말, 2차는 7월 말이

드론 방제 및 차량 광역살포기 방제

나 8월 초 기상 상황에 따라 실시하고 있다.

이때는 새벽 4시30분 집결지에 모여 5시부터 저녁 9시까지 방제를 하는데 한낮에 32℃가 넘는 고온에는 방제하지 않고 있다. 방제면적은 매년 조금씩 증가하여 2021년에는 1차 1,000ha, 2차 1,200ha로 전체 2,200ha를 방제하였다.

• 약정조합원 지원사업

약정조합원이란 지자체 협력 지원사업 외 농협과 농산물 출하계약을 체결한 농업인 조합원으로 산지유통센터와 미곡종합처리장과 계약을 한다. 농협의 공선출하 조합원 농가에는 마케팅 및 상품화 비용을 지원하고 수매계약 농가에게는 공동방제 미질 개선 영양제가 지원되고 있다.

• 농업인 안전보험과 농작물 재해보험 지원

매년 기후변화와 태풍, 집중호우, 우박, 폭설 등 빈번한 자연재해로 인해 농작물 피해가 많아 이제 농작물 재배보험 가입은 필수가 되고 있다. 만일 조합원이 영농에 종사하다 상해를 입었을 경우 보험금을 받을 수 있도록 농업인 안전보험 가입에 자부담 50%, 농협에서 50% 비율로 지원을 하고 있다.

그리고 벼와 파프리카, 토마토 등 48개 품목에 대해 농작물재해보험에 가입을 하면 자연재해로 인한 피해에 대해 보상을 받을 수 있다. 특히 보험료를 농협에서도 일부를 지원하여 조합원의 보험료 납입 부담을 조금은 덜어 드리고 있는데 전체적으로 보면 조합원의 영농관련 보험료를 거의 농협에서 7천여만 원을 지원하고 있다. 지난해 40여 년 만의 가장 심한 폭우로 농작물 및 시설피해가 커 사고보험금으로 약 50억여 원을 지급하여 농가가 다시 회생하는데 크게 버팀목이 되었다. 자연재해로 인한 농작물 피해에 대해 보험제도를 적극 활용하면 농가소득의 안전망을 구축할 수 있고 농업생산성 향상에도 기여할 수 있어 농작물 재해보험 가입 농가와 면적은 매년 증가하고 있다.

•조합원 문화복지 지원

농촌생활 개선 및 조합원의 문화 향상을 위하여 취미교실을 개설하고 있는데 풍물패와 통기타 반을 운영하고 있다. 조합원의 삶의 질을 개선하기 위하여 매년 500명 조합원에게 1인 23만 원의 건강검진을 연령대별로 시행하고 있다. 조합원 자녀를 대상으로 매년 장학금을 1백만 원씩 50명에게 지원해 지역사회 인재 육성에 도움을 준다.

그리고 조합원 가정에 장례가 발생할 때 일회용 접시와 컵, 수저 등

원로 조합원 의료지원 서비스와 연탄 봉사하는 직원들

250명분의 장례용품을 제공하여 조합원의 슬픔을 위로하고 있다. 또 겨울철 연탄이 필요한 취약계층에 사랑의 연탄 지원사업을 하여 따뜻한 겨울을 날 수 있도록 지원하고 있다.

•농기계 임대은행 운영

농기계 임대은행은 농협에서 농기계를 구입하여 책임운영자에게 임대해 주고, 책임운영자는 농기계가 없는 농가의 농작업을 대행해 주고 있다. 농기계 임대은행 참여 농가는 트랙터 8년, 이앙기 5년, 콤바인 5년의 기간으로 무이자 원금 분할상환하면서 보험료, 엔진오일, 그리스 등을 지원받고 있다.

•작목 컨설팅 지원과 외국인 근로자 사업 지원

산지유통센터의 공선출하 농가에 대한 파프리카, 토마토 등 외부 전문가를 초청한 작목별 컨설팅을 지원하고 있다. 이를 통해 농가는 재배기술 향상과 각종 병충해 대책까지 전반적인 컨설팅을 통해 수준을 향상시키고 있다.

그리고 영농에 필요한 인력은 늘 부족한데 이를 지원하기 위하여 외국인 근로자 고용허가제에 의한 외국인 근로자에 대해 근로조건, 사증인정서 발급, 입국 취업교육 등을 지원하고 있다.

•생활지도사업

농업과 농촌 사회는 여성농업인에 대한 올바른 인식과 평가를 하지 못하였는데 농가주부모임, 고향주부모임의 여성농업인이 농촌을 지키

농업인의 날 가래떡 나눠주기 행사

고 가꾸고 어려운 이웃과 함께 하는 다양한 활동을 하면서 그 중요성이 부각되고 있다. 김화농협에서는 이와 관련한 농업관련 교육, 양성평등교육, 봉사활동, 이웃돕기 바자회 등 각종 행사를 지원하면서 여성 농업인을 육성하고 있다.

　매년 농업인의 날에 관내 학교 및 지역 주민에게 가래떡을 나눠주며 우리 쌀의 우수성과 소중함을 전파하고 있다. 가정의 달을 맞이해서는 공동판매 행사 수익금으로 김화중학교, 김화여자중학교에 학교발전기금을 전달하면서 다음 세대 청소년을 위한 사업도 함께 하고 있다.

〈교육 지원사업의 종류와 목적〉

사업 구분	주요 사업	사업목적
영농지도사업	영농기술지도, 농업경영지도, 농산물 유통지도	조합원 지도·지원
조합원 조직 육성	작목반, 영농회, 공선출하회, 품목별 협의회	
생활지도 사업	주부대학, 노인대학, 생활문화센터	
조합원 복지 사업	장제사업, 의료지원사업, 법률구조사업, 농촌 노동력 공급, 외국인노동자, 다문화가정 지원	시장 실패 대응
지역농업개발	농기계 공동이용, 지자체 협력 특화작목 선정	
후계농업인 육성	농협청년부 조직, 새농민상 표창	
농정 활동	FTA, WTO 협상 시 농업인 대변 농업정책 수립 시 농업인의사 반영 정부, 국회에 정책건의	농업인 대변
교육 및 홍보	농촌사랑 운동, 도·농 상생 자매결연 국산농산물 애용 운동 조합원, 대의원, 이감사 교육 농협홍보, 국산농산물 홍보 등	협동조합 교육·홍보

〈협동조합의 이론과 현실 (임영선)〉

김화농업협동조합의 경제사업

• 판매사업

협동조합의 농산물 판매사업은 공동판매를 통해 비용을 절감하고 판매 수입을 증대시켜 조합원들의 이익을 극대화하는데 목표를 두고 있으며 경제사업에서 꽃 중의 꽃이라고 볼 수 있다. 즉 협동조합은 조합원들이 생산한 농산물을 수집하여 선별·포장·저장·운송 등을 통해 부가가치를 높이고 있다. 특히 공동판매를 통해 거래 상대방을 견제하고 거래 교섭력을 높여, 안정적인 판로를 확대하고 농가수취가격을 높이는데 가장 큰 목적을 두고 있다.

판매사업을 통한 조합원들의 편익은
① 안정적인 판로 확보를 통한 거래비용 절감
② 공동판매를 통한 유통마진 절감
③ 거래 상대방의 시장지배력 견제를 통한 판매가격 제고
등을 통해 얻어진다. 이러한 편익은 구체적으로 조합원들에게 높은 수취가격과 조합으로부터의 출자배당, 이용고 배당, 지분증가, 환원사업 혜택 등으로 귀속된다.

농협의 판매사업도 역시 시장사업·정책사업·지원사업으로 구분된다.
첫째, 시장사업은 농협이 조합원의 농산물을 시장에서 최선의 가격(best price)으로 판매하기 위해 산지와 소비지에서 농가조직화는 물론 상류와 물류에 관련된 모든 활동을 의미한다.

둘째, 정책사업은 정부와 협력하여 농산물의 수급과 가격 안정을 위해 정책사업을 대행하는 사업으로 정부 수매, 정책자금 지원 등이 있다.

셋째, 지원사업은 시장사업의 성과를 높이기 위한 유통조성, 중앙회가 조합사업을 지원하기 위한 유통자금 지원, 손실보전 등이 있다.

2000년대 이후 농산물 시장개방 확대, 대형유통업체의 산지 지배력 강화 등 농산물 유통환경이 빠르게 변화하면서 우리 농산물도 경쟁력 강화, 거래 교섭력 확대 등을 위해 산지 조직화와 규모화의 필요성이 급격히 요구되었다. 이에 농협은 기존 작목반의 한계를 극복하기 위한 농협의 새로운 농가조직으로 '공선출하회'를 적극적으로 육성하기 시작하였다. '공선출하회'란 농협과 농가 간 출하계약에 의해 공동출하, 공동선별, 공동계산을 실천하는 농가조직을 의미한다.

'공선출하회'는 품질과 출하량 등에 있어서 계약에 의해 일정 자격조건을 부과하고 있으며 농협 산지유통센터(APC)를 중심으로 결정된다는 측면에서 마을 단위로 구성되던 기존의 작목반과 차별성을 갖는다.

우리 김화농협은 전형적인 농촌형 산지조합이고 주변이 높은 산으로 둘러싸인 평야지대로 1970~1980년대 수도작 위주의 열악한 환경이었다. 1990년대 중후반부터 김화지역은 본격적으로 비닐하우스 재배를 장려하여 복합영농 전환을 통한 경쟁력을 키우기 시작하였다. 대성산 마현리를 비롯하여 잠곡리, 육단리, 생창리, 도창리 일대에 오이작목반을 중심으로 공동생산, 공동판매의 기틀을 다져나갔다.

그 후 산지 유통개선 일환으로 새로운 2000년대를 맞이하여 주 작목이 오이에서 토마토, 파프리카로 전환되었다. 오이공선회, 가지공선회,

찰토마토공선회, 파프리카 공선회, 유럽종토마토 공선회, 피망공선회를 구성하여 품목 중심의 강력한 산지 조직화를 통해 시장에서 김화농협 브랜드 마케팅 경쟁력을 키워나갔다. 이를 위하여 김화농협은 2004년 부터 공동출하 농산물의 규모화, 등급화, 품질 규격화, 물류 효율화 등 을 통한 농산물의 부가가치 증대를 위해 산지유통시설(APC, Agricultural Processing Center)을 건립하였다.

초창기 규모에 비해 현재의 김화농협 산지유통센터는 대지 18,450㎡, 건물 10,237㎡의 4동 선별장에 최신형 선별기 4대를 보유하여 국내 최 대의 선별장을 운영하고 있다. 산지유통센터의 선별기는 내수 파프리카, 수출 파프리카, 찰토마토, 유럽종토마토를 선별하고 있다. 성수기 일일 최대 선별가능량은 125톤으로 가동률은 60%이다. 연간 공선회에서 출 하하는 물량은 7천 톤으로 150억 원 정도에 이르고 있다.

김화농협 APC 파프리카, 토마토 선별 라인

2015년부터 APC가 본격적으로 가동되면서 공선회원 증가와 선별물량 증가로 산지유통센터의 선별사들은 새벽 02시까지 선별을 하는 경우가 종종 발생하였다. 이렇게 선별된 물량은 가락시장 등 수도권 시장에 70% 이상을 점유할 정도로 김화의 파프리카, 토마토 등의 브랜드 가치는 높이 올라갔다. 그러나 과중한 선별물량에 따른 잦은 새벽 근무로 피로도가 쌓이자 새로운 최신형 선별기가 필요했고 이에 추가 투자를 하게 되었다. 그런데 새로운 선별기가 놓인 APC가 준공되자 일부 공선회원이 농협의 낮은 수취가격, 높은 수수료 등의 여러 이유로 공선회원에서 이탈하기 시작하였다. 이후 한 사람의 탈퇴는 또 다른 사람의 탈퇴로 이어져 농협의 공동선별 조직의 회원 이탈이 지난 2017년~2019년 사이 심각하게 나타났다. 이탈의 주요인은 농협을 통한 농가수취가격이 개별선별보다 낮기 때문에 개별선별을 하거나 타법인으로 이동을 한 것이다.

그러나 사실 주원인은 일부 농가들이 공선회 참가 시 선별비가 과다한 비용으로 지출된다고 오해를 했기 때문이다. 예를 들어 파프리카, 토마토 등을 규모있게 하는 농가는 외국인 노동자를 2~5명 정도를 고용하고 있는데 이들에게 수확 후 선별과 포장을 시키면서 선별비용을 줄이고 있다. 즉 APC에 입고하면 따로 선별비를 지급해야 하는데 농가에서 고용한 외국인 노동자에게 선별을 맡김으로써 추가적 인건비 부담 없이 선별을 할 수 있다고 생각하기 때문이다. 그런데 최근의 현실은 코로나19로 인하여 외국인을 고용할 수 없어 자체선별도 어렵고 이에 따라 외국인노동자에게 선별에 따른 추가수당을 별도로 지급해야 하는 상황이다. 더 자세히 들여다보면 개별선별 농가는 파프리카의 경우 표준규격 상자가 5kg인데 표준규격보다 더 많은 7kg 이상 담아 출하를 하고 있다. 결과적으로 경매사나 중도매인 입장에서는 농협 표준출하규격 5kg 보다 더 많이 담아 오니 당연히 경매가격을 조금 더 높게 산정해 주고 있는 것이다. 그러나 사실인즉 그 추가된 금액을 100g 단위당 계산을 하면 실제로 농가가 엄청난 손해를 보고 있는데 오히려 농가들은 높은 가격을 받았다고 자랑하고 있으니 안타까운 일이다.

일례로 2019년 가을 가락시장에서 개별출하한 철원산 파프리카를 구입하여 농협APC에서 재선별하여 다시 시장에 출하해 본 결과 개별농가와 영농조합법인에서 출하된 파프리카에 큰 중량손실이 있다는 결과를 알게 되었다. 그리고 개별선별 농가들은 외국인 노동자에게 근로시간 이외에 선별·포장을 시켜 외국인 노동자의 피로감 누적과 추가 인건비용 상승의 문제로 이어졌는데 요즘처럼 외국인 근로자가 부족한 때는 농가에 심각한 영향을 미치게 되었다.

이에 반해 농협 산지유통센터를 통하여 시장에 출하한 농산물에 대해 1년간 전체를 정산해 보았더니 선별비, 포장재 보조 및 농협자체 지원금 등을 통해 결코 개별 정산보다 불리하지 않다는 결과가 나왔다. 이런 결과가 나오자 최근 코로나19로 인해 외국인 노동자 입국이 어려워 지면서 개별선별을 할 수 없는 농가들의 공선회원 가입 문의도 증가하고 있는 실정이다.

2021년 김화농협의 공선회는 파프리카 공선회의 내수부문은 57농가에 97,750평, 수출 파프리카 공선회는 12농가에 37,300평이다. 찰토마토 공선회는 63농가에 84,000평, 유럽종토마토는 19농가에 31,200평이다. 전체 151농가 공선회원의 재배면적은 25만여 평으로 6,500톤의 파프리카, 토마토를 생산하여 선별할 계획이다.

현재 내수파프리카 선별라인은 6조 식으로 최신형인 데 반해 수출 선별라인은 2조 식이라 선별 효율이 떨어져 2022년에는 6조 식으로 교체할 계획이다. 찰토마토 선별기는 4조 식이며, 유럽종토마토 선별기는 3조 식이다. 향후 선별종사원 부족에 따라 로봇팔 시스템 도입을 추진하여 자동화율을 좀 더 높이고 농가수취가격 향상을 위하여 지속적인 시장을 개척해 나아갈 계획이다.

김화농협의 토마토와 파프리카는 일본, 대만으로 수출을 하고 있는데 파프리카 150만 불, 토마토 50만 불로 전체 약 200만 불을 수출을 하고 있다. 따라서 수출을 통해서 안정적 판로확대를 통한 농가의 수익향상

김화농협 산지유통센터 APC 선별장 내부

에 앞장서고 국가경제발전에도 많은 기여를 하고 있다. 지금도 수출확
대 및 재배기술 향상을 위하여 매년 공선농가들은 선진국의 유통현장
과 재배 현장을 견학한 후, 각 농장에서 신기술을 접목하여 재배 발전
을 이루고 있다.

〔 한국의 파프리카 역사와 김화농협의 파프리카 〕

　원래 파프리카의 원산지는 중앙아메리카이다. 영어로 'sweet pepper'
또는 'bell pepper'라고 하며, 터키를 대표하는 향신료로 오스만제국 당
시 헝가리로 전파되었고 나중에 유럽으로까지 확산되었다. 일반적으로
매운맛이 나고 육질이 질긴 것이 피망, 단맛이 많이 나고 아삭아삭하게
씹히는 것을 파프리카라고 부른다. 피망과 파프리카의 구분이 명확하지
않아 한국원예학회에서 발간한 ≪원예학 용어집≫에는 모두 '단고추'로
분류하고 있다. 그래서 파프리카를 수출할 때 품목이 '단고추'로 되어있
어 파프리카라는 품목이 없다고 착각할 때가 있다.

　파프리카는 색깔 구분 없이 100g당 100mg 이상의 많은 양의 비타민
C를 함유하고 있어 감귤보다 두 배 많다. 비타민C는 수용성비타민으로

마현리 파프리카 농가 스마트 팜 시설

노랑색 파프리카

항산화 작용, 면역력 강화, 콜라겐 합성, 각종 물질의 생성에 중요한 역할을 하는 필수 영양소인데 파프리카에 많이 함유하고 있다. 지용성 비타민인 비타민E의 함량 역시 100g 기준 일일권장량의 약 20%에 달할만큼 풍부하게 함유하고 있다. 그리고 시력보호와 관련이 있는 영양소의 섭취는 황반변성 및 백내장 등과 같은 안과 질환의 발병률 감소에 도움이 되는데 파프리카에 카로티노이드 계열의 비타민A인 베타카로틴, 루테인, 지아잔틴 등의 영양소도 풍부하게 함유되어 있다.

한국의 파프리카 재배 역사를 살펴보면 유리온실을 비롯한 시설재배의 생산 기반을 갖추면서 고부가가치 수출작물로 도입되었다. 한 농가가 1995년 당시 일본에 파프리카가 유행하고 있는 것을 보고 처음 재배를 시작해 전량 일본으로 농협무역을 통해 수출했었다. 파프리카는 우리 농산물 수출에 가장 큰 주력품목이자 생산자에게 고소득 작목으로 인식되어 재배면적이 지속 증가하고 있다. 또한, 파프리카가 영양·건강식품으로 인식되면서 국내 소비도 꾸준히 증가하는 추세이다.

그런데 90년대 중반 파프리카를 처음 생산할 때를 생각해 보면 '파프리카'라는 이름조차도 생소했던 기억이 떠오른다. '97년도 말 아내에게 파프리카를 주었더니 깜짝 놀라며 "이게 뭐예요?, 어떻게 색깔이 이렇게 예뻐요! 어떻게 먹어야 해요?"하며 궁금해 했다. 정말 신기하게 쳐다만 봐야 했을 정도로 국내에서 일반 사람들은 파프리카 품종을 알지 못했다. 파프리카 색깔은 빨강, 노랑, 주황으로 나누어지는데 색깔별로 종자가 각각 다르다. 현재 국내에서 생산되는 파프리카 색깔은 빨강 55%, 노랑 41%, 오렌지 4%로 생산되고 있는데 맛의 차이는 사실상 거의 없다.

현재 파프리카는 내수 60%, 수출 40%로 탄탄한 국내수요를 바탕으로 일본시장에 수출하고 있다. 2020년에는 중국과 검역협정을 체결하면서 중국으로 수출할 수 있는 길이 열렸지만 코로나19 사태로 수출이 잠시 막혀 있다. 수출 이외 판로가 없었던 생산 초기에는 수출규격에 미달하는 파프리카를 생산자가 자체 소비하거나 일부 현장에서 직접 판매를 하였다. 그래서 일반 소비자들은 전혀 파프리카에 대해 잘 몰랐는데 2001년부터 파프리카가 도매시장에 진출하면서 소비자에게 널리 알려지게 되었다.

대부분 파프리카는 남쪽 지방을 중심으로 재배되었는데 일본 바이어가 연중 내내 꾸준한 공급을 받고 싶다는 제의를 희망하여 2000년대 초반 여름작기 생산이 가능한 북쪽 지역에도 재배를 시작하였다. 철원지역도 오이, 토마토 생산 농가들이 일부 파프리카로 작목을 전환하면서 뒤늦게 여름작기로 생산을 시작하였다. 현재는 여름작기의 최적지로 철원에서 출하하는 파프리카가 가락시장의 출하량의 70%를 점유하고 있다. 철원지역 내에서도 김화지역은 다른 지역보다 기온이 2℃ 정도 더 낮아 여름철 작물 재배 적지로 부상을 하게 되어 김화의 농업혁명을 이루는 산실 역할을 톡톡히 하고 있다.

국내에서 재배되는 파프리카는 여름작기형은 1~3월 파종하여 6~12월
까지 수확을 하고, 겨울작기형은 7월 하순~9월 상순 파종하여 11월부
터 익년 6월까지 수확을 한다.

재배 작형 분류

	파종기	정식기	수확기	재배지역
겨울 작형	7~8월	8~9월	11월~익년 6월	경남 (진주, 함안), 전남(화순, 영광), 전북(김제) 등 평지지역
여름 작형	1~2월	2~4월	5~12월	강원(철원, 평창, 인제), 경남 (합천), 전북(남원) 등 고냉지지역

김화지역 파프리카 농가들은 8~11월 단경기 생산을 목표로 1~2월에
육묘한 후 2~4월 정식하여 6~11월까지 수확을 한다. 그 반면에 겨울작
형은 11월부터 다음 해 6월까지 공급을 하고 있어 남쪽과 북쪽이 함께
중복으로 출하되는 시기는 가격이 가장 낮게 형성이 된다. 그 반면에 단
경기인 1~4월과 8월 중순~10월은 생산량이 적고 남쪽과 북쪽의 수확
시기가 중복되지 않아 가격이 높게 형성이 된다.

겨울작형의 남부지역 유리온실에서 재배하는 파프리카 평균 단수는
55~70kg인데 비해 우리 김화지역의 양액재배 농사는 30~40kg, 토경재
배는 25kg으로 겨울작형보다 생산량이 적다. 원인은 김화지역의 야간
기온이 급속히 떨어져 난방비 부담으로 인해 11월 중하순이 되면 수확
을 일찍 종료하기 때문이다. 이는 북방형 비닐온실의 높이차이 등의 환

경적 요인에 기인한다. 즉 시설의 높이가 높을수록 단수가 높은데 농가는 대규모 하우스 시설투자를 하기 위해 반드시 정부 지원에 선정이 되어야 하는데 요즈음 선정 받기가 더 어려운 상황이다.

김화지역에서 파프리카를 수출하기 위해서 1일 차에 수출 농가는 당일 오전 수확한 파프리카를 농협 APC에 입고하고, APC에서 선별·포장한 후 컨테이너 차량이 오면 지게차로 적재를 한다. 이어 컨테이너 차량은 김화를 출발하여 부산항까지 8시간 걸려 도착을 한다. 2일 차에는 오후 6시 부관 페리호가 부산항을 출발하여 3일 차 오전 10시에 오사카항에 도착하면 통관 절차를 마치고 바이어가 지정한 물류창고로 바로 운송을 한다. 이후 4일 차부터 바이어는 신속히 동경 등 수도권 도매상과 각 소매점에 배송하고, 소비자는 빠르면 그날 저녁부터 마트에서 갓 수확한듯한 신선한 김화의 파프리카를 최종구매 할 수 있다.

일본은 파프리카를 1993년 네델란드에서 수입하기 시작하였는데 한국이 1996년부터 수출을 하여 일본시장 점유비를 66%까지 올리게 되었다. 이에 따라 파프리카는 한국 농산물 수출의 효자 품목으로 자리매김하게 된다. 한국산 파프리카가 일본시장에서 점유율이 급속히 증가하게 된 이유는 네델란드산에 비해 물류비의 가격 경쟁력이 저렴하기 때문이다. 즉 파프리카 1상자/5kg에 드는 물류비는 네델란드산이 10달러, 뉴질랜드산이 8달러인데 반해 한국산은 0.4달러로 네델란드산의 4%, 뉴질랜드산의 5%에 불과하다. 그러나 네델란드, 뉴질랜드의 단위당 생산량은 80~110kg에 달하고 있어 재배기술 격차가 물류비 격차를 좁히고 있는 현실이라 우리의 단위 생산능력 향상이 절실히 필요한 시점이다.

일본 소매점에서는 파프리카를 개당 판매하고 있다. 그래서 개당 가격이 동일하다면 크기가 작을수록, 5kg 한 상자에 개수가 많을수록 소매업자 이익이 커 일본수입업체는 M, S 사이즈를 주로 선호한다. 마찬가지로 한국의 도매시장도 M, S 등급의 수요가 가장 크고 L, XL 등급은 식자재 업체에서 선호하고 있다.

현재 파프리카 종자는 대부분 네델란드산으로 아직 한국산 파프리카 종자에 대해 농가의 선호는 없는 편이다. 한국은 글로벌 품목인 양파, 토마토, 파프리카 종자의 생산 비중이 낮은 반면 고추, 배추, 무 종자의 육종기술만큼은 단연 세계적이다. 그러므로 파프리카 종자의 국내산 개발이 매우 중요한데 파프리카 종자 한립당 500원이 넘기 때문이다.

2,000평 하우스에 파프리카 종자가 4만립 소요되면 종자값만 2천만 원이 넘기 때문에 국산종자 개발이 하루빨리 이루어져야 한다. 올해 김화지역 농가에서 농우바이오가 개발한 국산종자 파프리카를 시범으로 재배하고 있어 많은 기대가 된다. 김화농협과 경제지주 농산물도매분사, ㈜농우바이오 3자는 '파프리카 종자 국산화 프로젝트 상생협력'을 위한 업무협약을 하였다. 이를 통하여 파프리카 국산종자로 농가 파종·정식·생산·수확·선별·포장·유통·마케팅까지 일관된 협력을 추진하고 있다.

〔 세계 건강식품 1위인 토마토와 김화농협 공선출하회 〕

　토마토는 페루가 원산지로 16세기 스페인에 처음 수입되었으나 오랫동안 독성식물로 여겨졌으며 18세기까지는 관상식물로 취급되었다. 그러나 식품으로서 효능이 발견되면서 1790년 이후에 스페인, 이태리, 프랑스 지역으로 확대 보급되었다. 토마토는 모양·크기·색깔이 매우 다채로우며 전 세계에서 생산되는 토마토 종류만 해도 5,000여 종에 달한다. 좋은 토마토는 단단하고 살이 통통하며 윤기가 나고 주름이나 갈라진 곳이 없어야 한다. 또 가능하면 색이 균일한 것이 좋은데 녹색이 남아 있는 토마토는 더운 곳에 두면 쉽게 익어 붉게 변한다.

　토마토는 2002년 타임지가 선정한 건강에 좋은 10대 식품의 첫째로

토마토 하우스 전경

재배중인 완숙 토마토

서 항산화 물질인 리코펜 등 각종 기능성 물질이 풍부하며 각종 암과
혈관질환에 좋다고 평가되었다. 토마토의 카로티노이드계 색소 물질에
는 세포의 산화를 막아 각종 암과 심혈관 질환의 발병률을 낮추는데 효
과적인 리코펜, 시력감퇴나 실명의 위험을 낮추는 루테인, 지아잔틴 같
은 성분이 있고, 비타민A, B, C를 고르게 함유하고 있다.

토마토 100g에는 비타민A(베타카로틴) 540mg, 비타민B1 0.05mg, B9
22mg, 비타민C 15mg이 포함되어 있는데 특유의 시큼한 맛을 내는 구
연산, 사과산 등의 유기산뿐만 아니라 다양한 기능성을 가진 생리활성
물질도 포함되어 있다. 이렇게 풍부한 비타민은 여드름 억제 등 피부미
용에 좋고 특히 칼로리가 낮아 다이어트에 도움이 된다.

이러한 효능 때문에 서양에서는 "토마토가 빨갛게 익어갈수록 의사의
얼굴은 파랗게 질려간다."라는 속담이 있을 정도다. 사람들이 토마토를
즐겨 먹으면 건강이 좋아져 병원을 잘 안 찾게 된다는 데서 나온 말일
것이다.

국내에 생산되는 토마토도 수백 종이 있는데 일반(대과) 토마토는 완

숙토마토와 찰토마토로 나뉜다. 완숙토마토는 완전히 익은 상태에서 유통되는 '유럽계 레드(Red) 토마토'를 뜻하고 찰토마토는 예전부터 우리가 먹던 '동양계 분홍(Pink) 토마토'를 말한다. 완숙토마토는 육질이 단단해 완숙 상태에 1주일가량 유통이 된다. 반면 찰토마토는 완숙 후 유통기간이 상대적으로 짧아 보통 착색이 60~70% 이루어진 착색기에 수확을 한다. 착색기의 찰토마토는 과육이 단단해 운송 중 상처를 입거나 눌려도 피해가 적고, 유통과정에서 후숙을 하기 때문에 유통과정을 늘릴 수 있는 장점이 있다. 과육을 절단했을 때 내용물이 흘러내리지 않을 정도로 꽉 차 있어 찰토마토라는 이름이 붙었다.

완숙토마토인 유럽종 토마토의 맛은 특유의 향이 살아 있고 당도가 높다. 그래서 주로 샐러드, 햄버거 등 식재료 원료로 많이 사용하고 있다. 반면 찰토마토는 완숙토마토보다 당도는 떨어지지만, 식감이 단단하고 과즙이 살아 있으며 껍질이 얇아 식용으로 많이 소비된다. 토마토는 가짓과 식물로 열대지역에서는 다년생이지만 우리나라와 같은 온대지역에서는 일년생 작물로 재배를 한다. 우리나라에 토마토가 들어온 것은 이수광의 〈지봉유설〉에 토마토가 '남만시(南蠻柿, 남쪽 오랑캐 땅에서 온 감)'라고 표현된 것을 보면 조선시대 광해군 6년 이전에 들어온 것으로 보인다. 토마토 주산지는 부산과 경남 김해, 충남 부여, 논산, 전남 담양, 강원 춘천, 화천 등에서 많이 생산되고 있는데 최근 우리 강원도 철원 김화가 2010년 이후 여름 주산지로 급부상을 하고 있다.

그리고 최근에는 방울토마토도 많이 재배하고 있는데 일반 토마토보다 훨씬 작아 먹기 편하고 당도가 높아 많이 소비되고 있다. 방울토마토의 인기에 따라 〈대추 방울토마토〉 〈무지개 방울토마토〉 등의 재배가 증가하고 있다.

김화농협은 유럽종토마토 공선회와 찰토마토 공선회가 있다. 2021년 찰토마토 공선회원은 63명으로 84천평을 재배하고, 유럽종토마토 공선회원은 19명으로 31천평을 재배한다. 지난해 김화농협 APC에서 3,000톤의 토마토를 선별하였는데 판매금액은 약 69억 원이다. 금년도에도 기후가 좋고 생산이 원활히 이루어지면 지난해 선별량을 초과하여 토마토 공선회가 더 발전할 것이다.

- 철원오대쌀을 만드는 미곡종합처리장(RPC)

1990년대 이후로 쌀 소비가 감소하면서 쌀 생산량도 감소추세가 이어지고 있다. 2020년 기준 1인당 연간 쌀 소비량은 57.7kg으로 1984년 당시 기준 130kg의 절반 이하로 떨어졌다. 쌀 생산량도 2020년에는 각종 재해로 인해 350만 7천톤을 수확하여 40여 년 만에 가장 큰 흉작을 기록했다. 이러한 소비감소, 수확량 감소로 어려움에 있지만, 쌀은 여전히 농가뿐 아니라 국민에게도 가장 중요한 위치를 차지하고 있다. 김화농협 조합원 가운데 820명이 농협과 수매계약을 체결하였는데 이는 전체 조합원의 40%에 해당이 된다.

김화농협은 1992년부터 지대미사업소를 운영하면서 관내 4개 농협(철원, 동송, 동철원, 김화) 중 가장 늦게 1998년 미곡종합처리장(RPC, Rice processing center)를 설립하였다. 이는 철원쌀의 가격 및 품질향상, 시장 경쟁력을 높이기 위해서다. RPC가 완공이 되자 쌀 생산 농가의 노동력 부족을 해결하고, 고품질 쌀 생산지도를 하여 품질이 향상되고, 미곡손실 방지 등의 효과가 나타났다.

가장 중요한 미곡종합처리장의 기능은 수확기 물량이 집중적으로 출하될 때 이를 전량 매입하여 쌀 가격 급락을 막는 것이 주된 역할이다. 그리고 단경기에는 수확기에 매입했던 쌀을 소비자에게 안정적으로 공급하는 역할을 수행하고 있다. 또한, 쌀 과잉 생산이 전망될 때는 정부와 협력하여 시장격리를 실시하여 쌀 가격안정 도모 및 농가소득 증대에 노력을 하고 있다.

김화농협의 RPC는 부지면적 7,093㎡, 제조시설 2,051㎡, 부대시설 1,109㎡ 등 최첨단 시설을 자랑하고 있으며, 고품질 쌀 유통활성화 사업을 통해 지속적으로 현대화를 하고 있다. 그 결과 연간 8,200톤 규모의 저장능력과 15,470톤 규모의 건조능력, 12,000톤의 가공능력을 유지하고 있다. 이는 김화지역에서 생산되는 원료곡을 저장·가공하여 우수한 고품질 철원오대쌀을 생산하는 원동력이 되고 있다.

또한 김화농협은 소비자의 농식품 안전성 욕구에 따라 농산물의 품질이나 가격보다 안전성에 더 큰 비중을 두고 GAP 인증을 받고 있다. 생산에서 판매 단계까지 안전관리체계를 구축하여 소비자에게 안전한 농산물을 공급하는 GAP 인증제도에 따라 RPC에서는 GAP 인증을 위한 종자공급, 농가 영농교육, 토양잔류 농약검사, 원료곡 잔류 농약검사 등을 완료하여 GAP 인증 고품질 철원오대쌀을 공급하고 있다.

그뿐만 아니라 김화농협 RPC는 GAP 시설인증, 강원도 특수농산물

김화농협 미곡종합처리장 RPC 전경

인증, 강원쌀 통합브랜드 인증, 철원군 공동브랜드 사용승인, 친환경 농산물인증 등 다양한 분야에서 인증을 받았다.

이러한 노력으로 2018년에 '평창동계올림픽' 및 '동계 패럴림픽' 공식 후원쌀로 지정되어 대회 기간 중 선수와 임원·국제올림픽위원회를 비롯 국제경기연맹 등 모든 올림픽 참가자들에게 철원오대쌀이 제공되었다. 이는 철원오대쌀이 명실상부한 명품 먹거리로 세계에 널리 알려졌으며 브랜드이미지 각인효과와 함께 올림픽에 참여하는 국내업체와 파트너쉽을 체결하여 판매하는 실적을 올렸다. 이를 계기로 하여 미국 FDA 시설 등록을 하여 미국으로 수출하는 성과를 올리기도 하였다.

김화농협 RPC는 수매·건조·가공·포장 등의 미곡 품질관리 및 판매에 총력을 경주하고 있지만, 관내의 다른 조합보다 5년 늦게 RPC를 설립한 후발주자라 시장 개척에 많은 어려움을 겪고 있는 것도 사실이다.

RPC는 지난 10년 동안 누적 적자가 50억여 원에 이르고 있어 김화농협 경영에 큰 부담이 되고 있다. 적자의 주요 요인은 김화농협의 RPC 판매능력보다 벼 수매량이 더 많고, 농가소득 지지를 위한 높은 수매가 결정, 낮은 벼 가공수율, 판매거래처 한정 등 여러 요인이 포진해 있다.

김화농협 관내에서는 김화지역의 오대벼를 생산하는 쌀전업농 보다 원예농산물을 함께 생산하는 겸업농이 타농협 보다 더 많다. 또 기후, 일조량, 토질 등의 영향으로 수매한 벼의 도정수율이 타조합보다 2~4% 정도 차이가 난다. 그렇지만 수매가를 타농협과 동일하거나 비슷하게 책정하다 보니, 수매부터 타농협의 RPC보다 높은 원가로 가공을 시작하게 된다. 그리고 후발주자로 판매처가 다양하지 못해 물량을 처리하

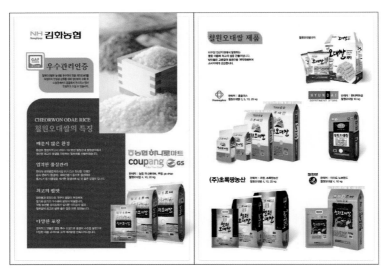
김화농협의 다양한 오대쌀

기 위해 할인행사를 많이 하면서 지속적인 적자가 쌓이기 시작하였다.

2020년은 40여년만의 흉년이라 수매량이 평상시 보다 40%가 감소하여 쌀값이 상승하여 RPC도 경영 여건이 개선되었다. 앞으로 우리 김화농협은 향후 적극적 시장 개척과 공장운영 효율화를 추진하여 안정적 경영을 이룩할 것으로 전망하고 있다. 2020년을 RPC 혁신의 해로 목표 삼고 정미기 교체 등 시설보수를 통한 공장 수율 증대, 조합원의 품질 향상을 위한 공동방제 및 교육, 판매거래처 확대를 위한 신규 거래처 개척 등을 하였다.

특히 홈쇼핑에 철원오대쌀을 당당히 입점시켜 판매함으로써 많은 호응을 받았다. 이후 지속적으로 홈쇼핑, 쿠팡 등 인터넷 쇼핑에 집중하면서 홈플러스, GS, 노브랜드, 현대백화점, 하나로마트 등의 공급처에 안정적으로 철원오대쌀을 공급을 할 계획이다.

국내 홈쇼핑 철원오대쌀 방송 판매

RPC에서는 매해 추석 전 햅쌀 공급을 위하여 일찍 수확하는 조작미 농가와 수매계약을 하고 있다. 조작미 농가가 4월 말까지 모내기를 하고 9월 초 일찍 수확하는 조건으로 조작미 300톤에 대해 기존 수매단가보다 높게 수매를 하고 있다. 또한 조작미를 원활히 공급하기 위하여 육묘상자 처리제인 '한소네'를 지원하고 있다

최근 소비자들의 쌀 섭취량이 급속히 감소하고 있어 철원 관내 RPC의 시장 경쟁력 향상을 위해 RPC 통합은 피할 수 없는 현실이 되고 있다. 일부 고급백화점에서는 쌀매대 자체를 없애고 있는 상황에서 5년내 1인당 년간 쌀 소비가 50kg도 안될 것으로 보여 RPC의 경영상 위기는 이미 도래해 있는 것이다. 그래서 철원지역 RPC 통합은 불가피하고 통합시에는 인원 감축, 공통 경비 감축, 시장가격 통제, 브랜드가치 상승 등 다양한 안정적 수익 창출이 예상되어 RPC 통합의 효과가 다른 시·군의 통합보다 훨씬 클 것으로 보고 있다.

•구매사업

농협 구매사업의 목적은 조합원이 필요로 하는 생활물자와 영농자재를 생산·공급하는 업체들의 시장지배력에 대응하기 위해 농업인의 구매

의사를 결집시켜 가격 교섭력을 높이는 것이다. 즉 조합원의 영농에 필요한 각종 비료·농약·농기계·사료·일반자재·종자 등 영농자재 및 생활물자를 적기에 적정한 가격으로 공급받을 수 있도록 하는 것이다.

농협의 구매사업은 일반 자재상과 달리 특별한 기능을 담당하고 있는데 자세한 내용은 다음과 같다.

① 조합원의 수요를 집중·대량화하여 제조업체의 판매가격을 인하토록 한다.

② 유통업체 간 담합을 예방하여 도·소매상의 과다한 유통이윤을 견제한다.

③ 구매품의 사전 비축을 통해 자재의 수급 안정에 기여한다.

④ 구매품의 성능·품질 보장과 불량자재의 유통을 방지한다.

김화농협의 구매사업은 전국에서 취급량이 약 120억 원으로 타조합보다 물동량이 훨씬 많다. 이는 김화지역이 시설원예 단지로 전환이 되면서 벼농사와 시설하우스 농사가 절반씩 되어 농업 자재에 대한 수요가 많아졌기 때문이다. 이에 따라 대량의 자재공급으로 인한 가격 경쟁력이 상대적으로 높아져 인근 조합원들도 김화농협에서 직접 구입하는 경우가 많아지고 있다.

김화농협 자재사업은 비료부문, 농약부문, 시설원예자재부문, 포장재, 종자 부문 등으로 구분하여 농가에 공급하고 있다. 영농철을 맞이하여 대농가 서비스를 제고하기 위하여 새벽 7시부터 조합원을 맞이하고 있고, 일정 기간 영농자재를 무이자 외상공급하고 있다. 구매부에서는 자

김화농협 자재센터

재센터를 이용하는 농업인의 부가가치세 환급을 대행하고 있다. 농자재를 구입하고 매입처로부터 세금계산서를 교부 받아 매 분기별 부가가치세를 환급 대행하여 농가에 지급하고 있다.

자재센터는 현재 조합원이 영농자재 구입전표를 갖고 도우미에게 주면, 도우미가 자재를 직접 차에 실어 주고 있는데 고객이 많은 경우 한참을 기다려야 하므로 한시가 급한 바쁜 영농철에는 불만이 높다. 앞으로 자재백화점 형태의 시스템 개선을 통하여 조합원이 더 편리하고 신속하게 공급받도록 추진시킬 계획이다.

• **하나로마트**

김화농협의 하나로마트는 2,000여 조합원님과 5천여 명의 고객이 이

기존 하나로마트 앞 바자회

용하고 있다. 과거 1974년 연쇄점 사업으로 시작해서 현재의 농협창고 건물을 개조한 100평 규모의 하나로마트를 운영하고 있다. 그런데 시간 이 지나면서 주변에 경쟁점들이 연이어 출현하는 상황이 생기자 하나로 마트 이용고객이 급격히 감소하고 매출의 하락이 이어지고 있다. 이에 조합원의 요구에 맞춰 하나로마트를 300평 규모로 확장하여 운영할 계 획이다.

특히 신설 하나로마트에는 반드시 로컬푸드 매장도 함께 운영하는 '산 지형 로컬푸드'를 육성할 계획이다. 로컬푸드(Local Food)는 안전하고 믿 을 수 있는 농산물과 식품을 생산자가 어떻게 생산했는지 알 수 있도록 투명하게 운영되어야 한다. 이는 '지역에서 생산된 먹거리를 지역에서 소 비하는 지역 활성화'를 높이고 건강하고 안전한 먹거리를 확보하고자 하 는 희망으로 탄생하였다.

신규 하나로마트와 주유소 조감도

　김화농협의 로컬푸드는 조합원이 생산한 고추, 사과, 배추, 무, 대파, 양파, 파프리카, 토마토 등 신선 농산물과 가공제품을 매장에서 조합원이 직접 판매할 것이다. 이렇게 함으로써 먹거리 안전성을 보장하고 유통비용을 절감하여 조합원 소득을 증대시킬 수 있다. 즉 이것은 기존 농가들이 공판장 및 재래시장으로 출하하는 방식에서 가격책정 관리 및 수거 등을 농가가 직접하는 방식이다. 따라서 유통단계 축소에 따른 농가소득 증대에 크게 기여할 수 있다.

　대부분 전국에 있는 일반적인 로컬푸드 매장이 주로 대도시 소비지에 집중되어 있는데, 반해 이번 산지 로컬푸드에 대한 김화농협의 도전은 참으로 신선하게 느껴질 것이다. 산지임에도 다양한 소비계층에 대한 소량다품목 농산물에 대한 수요를 확대하여 지역농업과 농산물의 가치를 제고할 수 있고 영농의 다양성과 새로운 유통경로를 제공하는 데 큰 역할을 할 수 있다고 기대되기 때문이다.

김화농업협동조합의 신용사업

김화농협 상호금융의 특징은 경제적 약자들이 모여서 조합을 만들어 자금 여유가 있는 사람은 조합에 예치하고 자금이 필요한 사람은 조합에서 자금을 빌려 쓰는 호혜적 금융이다.

김화농협의 상호금융사업 도입 배경에는 두 가지 목적이 있다.

첫째는 농촌에 농업전문 금융기관을 육성함으로써 농업생산에 소요되는 자금을 농촌지역 내부에서 조성·공급하여 농촌경제와 국가경제 발전을 도모하는 것이다.

둘째는 농촌지역에 만연했던 악성 고리채를 해소하기 위함이다.

지금까지 김화농협의 상호금융은 농촌지역 금융기관으로서 성장과 발전을 이루었고, 김화지역 발전을 위해 나름대로 역할과 의의를 충실히 수행하였다. 즉 조합원의 재산증식을 위한 농가목돈마련저축, 세금우대 예탁금 등 고수익·비과세 금융상품을 보급하였고 필요한 자금을 즉시 인출할 수 있는 자립예탁금 제도를 비롯한 각종 금융서비스를 제공하였다. 또 조합원의 금융편익 증진을 위해 금융 공동전산망을 활용하여 시골에서도 대도시의 은행과의 거래가 가능하게 하였으며, 외국인노동자를 위한 환전 및 송금, 전기료, 전화료 등 공과금과 지로 자동납부, 국

고수납업무 등 다양한 금융 부대서비스를 제공하고 있다.

　이렇듯 신용사업은 조합에 상호금융 업무를 취급함으로써 일정 사업량 확보를 통해 조합의 경영수지를 개선하고 관리능력을 높일 수 있게 되었다. 또한 상호금융업무를 겸업함으로써 조합의 역할과 능력에 대해 조합원의 인식이 크게 높아졌으며, 조합과 조합원과의 끈끈한 밀착화가 진전되어 다른 사업을 자주적으로 확장할 수 있는 계기가 마련되었다.
　다른 여러 가지 혜택 중에는 만 20세 이상의 조합원과 준 조합원을 대상으로 3,000만 원까지 조합 비과세 예탁금 제도가 운용되고 있는데 이는 농가 소득증대에 큰 기여를 하고 있다. 그리고 농업인 조합원을 위한 영농자금, 농기계 구입자금, 농촌주택 신축자금 등 정책자금과 가계자금 대출을 함으로써 농업인이 안정적인 농업활동을 할 수 있도록 지원을 하고 있다.

　그리고 다수의 조합원이 우연한 사고가 발생할 경우 재산상의 자금수요를 충족시킬 수 있도록 미리 일정한 부담금을 갹출하여 공동준비재산을 조성하고, 일정한 사고가 발생하였을 때 경제적 급부를 제공하는 공제보험을 운영해 오고 있다. 현재는 일반보험으로 전환하여 일반인들이 모두 서비스를 이용하고 있고 특히 2020년은 수해, 태풍, 냉해 등 자연재해가 심하여 하우스 피해, 작물 피해 등이 많아 농작물재해보험가입 조합원들이 다시 일어설 수 있는 역할을 톡톡히 하였다.

3.

향후 김화농협의 미래와
발전 방향

지난 시절에 김화농협은 어떤 어려움이 있었을까?

나는 2년전 김화농협 인사추천위원회에서 상임이사로 추천을 받은 후 대의원회에서 상임이사를 지원하게 된 동기와 향후 계획을 발표하는 기회를 가졌다. 여러 대의원님께서는 우리 김화농협의 가장 큰 문제가 쌀 판매 상황과 마트가 활성화되지 않는 것이라고 말씀하시며 중앙본부에서 오셨으니 구체적인 대책을 제시해 달라고 하셨다. 솔직히 이 상황을 많이 알지는 못해서 간단한 통상적인 해법 즉 새로운 신시장을 개척하고, 다른 마트와 차별화를 해서 좋은 김화농협을 만들겠다는 원론적인 답변만 하였다. 사실 상임이사를 지원하면서 김화농협의 재무제표 3년 치를 본 것이 전부라 내가 상임이사로 임명이 되면 더 자세히 분석해 세부적인 대안을 제시하겠다고 말씀을 드렸다.

이후 김화농협 상임이사로 선출된 후 약속대로 10년 치 자료를 모두 분석해 보았다. 세세히 여러 경영상 부침의 원인을 살펴보니 가장 큰 문제는 자료의 축적, 즉 경영상 부실로 인해 적자결산을 하고 몇 차례의 경영위기가 왔는데도 이 위기를 어떻게 극복했는가에 대한 자료의 축적이 너무나 부족했다. 어찌 보면 경영위기를 자연스러운 쌀값 상승으로 극복된 것처럼 인식하면서 문제의 원인과 결과에 대한 구체적 분석이 없었음이 발견되었다. 결국 지금까지 천수답 농사를 짓고 있었다고 생각하며 10년 치 자료를 토대로 부문별 적자 원인을 분석하였다. 그리고 수익향상을 위하여 직원들을 독려하고 교육하여 올바른 의사결정을 하도록 추진하였다.

실패의 교훈을 축적해 놓으면 같은 실수를 반복하지 않는다는 것이 나의 생각이다. 일반적인 선진국의 설계회사들은 새로운 시스템에 대한 개념설계를 수주하면 먼저 매뉴얼을 찾는다. 일단 매뉴얼에 있는 것까지는 검증된 것이니 바로 매뉴얼에 있는 대로 활용하고 설계한다. 또 매뉴얼에 없는 새로운 상황은 어떻게 할 것인가를 집중적으로 해결하려 노력한다. 그들은 혁신적 개념설계의 비밀을 '99%는 매뉴얼에 있고 1%는 창의'라고 표현한다.

지금까지 김화농협의 더딘 발전은 체계적인 시스템관리와 전략부재로 미래를 향한 값진 자산이 되지 못하고 안타까운 한탄만 하는 상황이었다. 즉 김화농협의 지나간 날들은 가치 있는 시행착오의 축적이 부족하여 시간과 노력의 소모만 반복되었다.

결국 김화농협 내 각종 데이터베이스가 축적되어 있지 않고, 각 부문별 데이터를 활용하지 못하여 매년 반복되는 실수를 하고 있었다. 예를 들어 어떤 농산물의 브랜드 디자인을 어떤 이유로 했었고 성과가 어떠했는지에 대한 기록의 축적이 없다면 창의적인 마케팅은 불가능하다.

RPC의 적자 원인에 대해 잘 알고 있으면서 대안을 여러 개 마련했지만, 과감히 실행하지 못하여 또다시 적자를 감당해야만 했다. 마케팅 전략의 관점에서 보면 가격정책의 부재라고 볼 수 있다. 즉 RPC 수매가와 수매량 결정 시 조합원을 위하여 전량을 매입하고 높은 가격으로 수매를 하였지만, 판매처가 많지 않아 일부 대형매장에 많은 물량을 할인판매 하면서 적자는 더욱 심화되었다.

결국 합리적인 가격정책과 유통정책의 부재로 인해 일부 대형거래처 위주로 판매되어 다양한 거래처를 확보하지 못했고 여기에 잦은 인사이동으로 홍보·유통·마케팅 전문가를 키우지 못한 것이 중요 원인이 되었다. 그리고 공장 내 효율적인 품질관리 시스템이 이루어지지 않은 것도 많은 요인을 차지한다. 또 여러 실패 원인을 알고 있지만 이를 개선하기 위한 단합된 실행력의 부재도 더 큰 원인이 되었다고 평가된다.

김화농협의 APC는 전국에서 가장 큰 산지유통센터이다. 그러나 조합원의 공선물량이 증가하자 APC 증설요구에 의해 시설을 증축해 가동하고 있지만, 조합원의 공선회원 이탈로 APC 경영에 큰 문제가 되었다. 조합원의 공선물량 증가로 APC 증축확대 요구를 수용하는 것은 맞지만 과도한 투자 즉 향후 경영상 부담을 갖게 되는 투자는 오히려 조합과 조합원에게 피해로 돌아갈 수 있다. 경영상의 투자 결정은 신중히 이루어

저야 하고 향후 품목 변화와 예상투자 수익까지 예측한 합리적 투자 결정이 이루어져야 한다.

현재 김화농협은 어떤 위치에 있는가?

왜 김화농협의 많은 시행착오는 쌓여만 가고 그 교훈은 전수되지 않았을까! 가장 큰 이유는 도전적 시행착오 자체가 없었기 때문이다. 도전적 시도를 꾸준히 하면서 새로운 길을 열어 가려면 당연히 시간이 오래 걸린다. 현재의 김화농협은 일부 선도적 농협을 모델로 삼아 벤치마킹한 다음 김화농협에 맞도록 조금 변형해 나가는 추격자 전략이 필요하다. 즉, 각 단계별 과정을 중시하며 중간단계의 시행착오를 축적하면서 성과를 내어야 한다.

서울대 이정동 교수의 『축적의 길』, 〈축적의 시간〉에 나오는 내용을 참고로 인용해보자.

'우리 산업계에는 주로 개개인의 역량이 중심이 된 '개체 발생'만 있고, 한 사람의 어깨 위에 또 한 사람이 올라서는 조직적 '계통 발생'은 별로 없다. 글로벌기업의 5년 차 엔지니어도 100년의 축적된 경험 위에 올라서면 105년 차 고수가 되고, 그 딛고선 거인의 어깨 높이에서부터 자신감있게 독창적 개념설계에 도전할 수 있다.'

일반적으로 모범적인 기업에서는 성공 여부와 상관없이 모든 새로운 시도의 교훈을 꼼꼼히 분석하고 공유하며 전수하는 시스템을 철저히 정착시키고 있다. 우리 김화농협도 협동조합기업으로서 각 부문의 귀중한 시행착오를 협동조합 전체가 공유할 수 있도록 축적하고 전파하는 문화를 정착시키고 체화해야 한다. 즉 협동조합의 성공은 철저한 축적의 시간을 필요로 하기 때문이다. 독자적인 위대한 협동조합을 만들기 위해서는 아직 지도가 나와 있지 않은 산을 올라가야만 한다. 그런데 지금까지 걸어온 길의 기록이 없다면 후임자는 매번 등산로 입구에서부터 다시 시작해야 하므로 축적의 과정은 꼭 필요하다. 비록 지금 다소 늦었지만, 김화농협이 일류 협동조합이 되기 위해서는 과거의 실패를 기록하고, 새로 기획한 것을 더 과감하게 실행하고 더 집요하게 축적하는 문화를 갖추고 시스템을 만들어나가야 한다. 이에 하나로마트를 기존 100평에서 300평으로 신축해 나가고 주유소를 설립해 조합원의 편의를 제공해 나가는 것도 기본 전략이다.

지난해 하나로마트 신축과 주유소 신설에 대해 많은 의견이 있었다. 10년 전에 투자했으면 좋았겠지만, 현재 투자는 너무 늦은 것으로 지금 투자는 잘못된 결정이라는 의견이 많았다. 하나로마트와 주유소를 해야 한다고 말씀하시던 일부 조합원께서 지금은 상황이 바뀌어 김화 와 수리에 대형마트가 현재 2개가 운영 중인데 농협까지 하나로마트를 신축해 개장하면 경쟁력이 없다는 우려를 하셨고 주유소는 앞으로 전기 자동차 시대인데 지금 주유소를 투자하는 것은 잘못된 의사결정이라는 의견도 말씀하셨다.

이런 의견이 분분한 상황 가운데 나는 대의원회에서 인근의 마트 현황과 앞으로 하나로마트가 어떤 차별성으로 나아갈 것인지 전략과 방향을 설명하였다. 또 주유소의 투자에 관해서는 내연 자동차 시대가 끝나는 2049년까지 주유소 운영이 가능하므로 농협의 주유소는 면세유 위주로 충분히 경쟁력이 있다고 설명해 드렸다. 그리고 세차장 운영을 통해 고객에게 더 편리함과 친절한 서비스로 나아가 충분한 투자가치가 있음도 더불어 설명하였다.

현재 상황과 위치도 중요하지만 앞으로 10년 후의 김화농협 모습을 계획하는 것은 더 중요하다. 투자란 10년 후를 보고 현재에 투자를 하는 것이라고 생각한다.

우리 김화농협의 50년 시스템은 하루아침에 이루어진 것이 아니다. 많은 부침을 갖고 현재에 이르렀기에 좀 더 축적의 시간을 갖는다면 더 큰 잠재력을 가진 농협이 될 수 있다. 김화농협이 과거 연쇄점과 하나로마트 운영경험을 바탕으로 실패위험도를 낮추며 차별화 전략으로 나아간다면 단기간 내 가장 큰 경제적 효과를 창출할 것으로 본다. 이런 예측과 관점을 기준으로 지난해 현재의 하나로마트 옆의 부지를 매입하여 하나로마트와 주유소를 건축 중에 있다. 앞으로 건축되는 하나로마트와 주유소가 조합원에게는 편리성과 안전성, 사업이용 환원을 제공할 것이고 김화농협에게는 새로운 수익센터 역할을 할 것이다.

그리고 새로운 마트나 주유소의 건물 즉 하드웨어를 갖추는 것도 중요하지만, 이 새로운 시스템에 적용하도록 직원교육의 방향을 조합원,

고객지향으로 바꿔 나가는 것도 병행되어야 한다. 이를 위해 친절을 기본으로 한 청결, 쾌적한 사무환경을 조성하고 적극적으로 직원 간 브레인스토밍 등을 통해 여러 방안을 도출해나가고 있다. 이렇듯 협동조합이 김화지역에 기여할 수 있는 것은 조합원과 고객과의 상생과 배려이다. 이에 하나로마트 주차장을 지역민을 위한 축제의 공간으로 만들 계획이다. 한 달에 한 번씩 조합원, 고객과 함께 하는 '와수베가스 농협축제'를 기획하여 서로 만나고 소통하고 노래하고 경품도 받는 멋진 '김화농협 아고라 광장'을 만들어갈 계획이다.

이러한 조그마한 축제를 통해 철원 관내 사람들뿐 아니라 멀리서도 많은 사람이 축제를 보려고 이곳에 오게 된다. 여기에 축제를 통하여 다른 여러 상권도 같은 관광 장소가 되므로 곧 소비로 이어질 수 있어 김화경제, 철원경제는 더 활발히 발전할 수 있을 것이다. 이것이야말로 협동조합원칙의 7원칙인 「지역사회에 기여」에 대한 실천의 사례가 될 수 있다.

앞으로 다가올 김화농협의 미래는?

어느 유명한 경영자 한 사람이 와서 백지 위에 혁신적 김화농협 발전 방향을 제시한다고 해서 김화농협이 하루아침에 바뀔 수는 없다. 하지만 김화농협이 성공하려면 지금까지 밟아온 영역을 확인하고 그 밖으로 한발 떼어 놓는 진화적 과정이 필요하다. 더 이상 북으로 올라갈 수 없는 휴전선이 가로막힌 김화농협의 영역을 남으로 남으로 확산하는 남진

정책과 함께 향후 남북 간 평화적 교류의 시대의 북진정책도 병행하여 준비해야 한다. 실제로 김화농협이 현실적으로 실행 가능한 우리 농산물 생산기지와 한반도 물류 허브기지 등의 큰 비전을 가지고 앞으로 나가야 한다.

김화가 속한 철원 땅은 10세기 초 궁예가 대동방국(大東方國)을 꿈꾸며 도읍을 정한 수선지지(首善之地)이다. 궁예는 국호를 '태봉(泰封)'으로, 연호를 '수덕만세(水德萬歲)'로 개칭하고 당시 가장 크게 궁궐을 증축했다. '태봉(泰封)'의 뜻은 주역에서 '태(泰)'는 '천지가 어울려 만물을 낳고 상하가 어울려 그 뜻이 같아진다'는 뜻이고, 봉(封)은 봉토, 곧 땅이다. 결국, 궁예는 철원을 기반으로 '영원한 평화가 깃든 평등 세계'의 대동방국의 기치를 높이 든 것이다. 이곳 김화에 『세계 평화치유센터』를 건립하자는 이야기의 바탕에는 전 세계 젊은이들이 이곳에서 이념의 대립으로 전쟁의 희생이 된 역사가 있기 때문이다. 또한, 궁예가 세운 태봉국의 정신 즉 '영원한 평화가 깃든 땅'의 가치를 새겨보며 이곳에 『세계 평화치유센터』내『DMZ 유엔기구』,『세계지뢰박물관』등이 함께 건립되어야 한다는 것이 나의 생각이다.

철원은 광양-철원-중강진-만주를 잇는 한반도 중앙회랑의 중심이며, 내금강과 원산을 잇는 지리적 요충이다. 남북교류 시대가 되면 한반도 중심으로 웅대한 비전을 품을 수 있는 대평원의 땅이다. 오늘날 철원의 이미지는 전쟁의 사생아 DMZ와 지뢰로 상징되는 접경지역, 노동당사 등 안보, 철책으로 상징된다. 그러나 2030년을 바라볼 때 이곳을 전쟁을 승화한 평화, 군사력의 비무장지대에서 생태, 환경의 철원으로 바꿔어 나가야 하고 특히 오성산이 바로 마주보이는 철원김화지역에 콘텐츠를 활용하여야 한다. 또한, 생태, 환경의 철원김화를 유지하면서 평화시대를 대비한 물류 인프라 구축을 하여야 한다. 연천을 지나 전철이 철원으로 들어오고, 구리-포천 고속도로가 철원까지 이어지고, 중앙고속도로가 춘천에서 철원으로 개통될 때 철원의 교통 인프라가 완성된다.

나는 세종-철원의 고속도로와 춘천-철원의 중앙고속도로의 연결점이 오성산이 바로 보이는 김화농협 미곡처리장 앞 사곡리가 되어야 한다고 생각한다. 왜냐면 오성산 앞 세계평화치유센터가 건축되는 선결 과제가 고속도로 인프라 구축인데 바로 이곳이 두 개의 고속도로가 만나는 교차점이기 때문이다. 이렇게 구축된 교통인프라는 바로 평양과 원산, 내금강으로 철로와 고속도로가 연결될 것이다. 결국 한반도 X축 교통인프라의 중앙점이 되고 남과 북의 핵심 지역으로 궁예가 꿈꿨던 '영원한 평화가 깃든 평등 세상의 땅'이 될 수 있다. 이러한 물류의 중심을 바탕으로 향후 김화농협의 발전에 대해 조심스럽게 전망을 해본다.

김화농협은 협동조합의 세 가지 원칙, 즉 '이용자인 농업인이 소유하고, 통제하며, 수익을 배분'하는 원칙에 충실하면서 2030년을 향해 나아가고 있다. 우리 김화농협의 2030년 비전은 자산 3,000억 원, 수익 30억 원의 안정적 경영을 통한 초일류 협동조합을 만드는 것이다. 이를 달성하기 위하여 김화농협은 조합원 경영체인 농가의 전·후방 산업인 농자재 공급과 농산물 수집, 선별, 포장, 판매를 수행하면서 농가와의 수직적 통합과 수평적 지도사업 서비스망을 확대 구축해 나아갈 것이다.

또한, 농가 경영체의 이익 극대화를 위해 저렴한 농자재 공급과 농산물 수취가격 극대화를 추구하면서 원가경영을 바탕으로 각종 사업을 전개해 나아갈 것이다. 신용사업에서는 공격적 대출 확대를 통한 수익 센터 역할을 강화하고, 경제사업에서도 구매와 판매사업에 대한 규모화, 차별화 전략을 추구하여 사업 확대를 통한 경쟁적 우위를 달성토록 할 것이다.

김화농협 2030 비전

미션	조합원의 경제, 사회, 문화적 삶의 향상과 생태, 환경, 평화의 초우량 김화농협을 만든다.			
비전	2030년 매출 1,000억, 손익 30억, 자산 3,000천 억원, 자본 200억원을 달성한다.			
핵심 가치	**신뢰** 조합원, 고객에게 신뢰받는 농협	**협동** 지역사회와 협동, 조합과 협동 조합원과 협동	**정직** 원칙과 기본에 따른 정직한 일처리 및 전문성을 갖춘 인재 육성	**혁신** 조합원과 고객에게 보다 나은 가치를 창조하기 위해 끊임 없이 혁신
12대 추진 전략	**경제사업** •RPC 활성화 •APC 활성화 •마트사업 활성화 •자재사업 활성화	**신용사업** •신용사업 활성화 -예금 3,000억 -대출 2,500억 •비이자수익 확대	**교육지원사업** •조합원을 위한 지도사업 강화 •직원 역량 향상 •조합원 교육 확대	**신사업/경영전략** •재무건전성 확대 -자본성 유동성, 생산성 확대 •주유소 사업 •로컬푸드 추진

접경지역에서의 농업협동조합의 역할은 무엇인가?

김화농협은 철책으로 가로막힌 현재의 지리적, 경제적 한계에서 새로운 시대를 맞이하고 있다. 향후 10년 내 남북한 평화적 교류의 시대를 맞이하여 북으로 올라갈 수 없었던 우리 김화농협은 한반도 중심에 가장 좋은 물류 인프라와 관광, 체험, 힐링의 고장으로 변할 수 있다.

나는 2000년 농협 중국사무소에 발령을 받고 베이징(北京)에서 농협 유자차. 홍삼, 음료 등 대중국 농산물 수출 업무와 중국농업조사, 신용 장소송업무 등 여러 일을 맡고 있었다. 어느 날 본부로부터 북한산 고사리를 수입해야 한다는 연락을 받았다. 당시 우리나라는 북한과 직접 교역을 할 수 없어서 북경에 나와 있는 북한의 민족경제협력연합회(민경련)과 연결을 하여 북한산 고사리 수입을 하라는 지시를 받았다.

북한의 민족경제협력연합회는 남한기업의 대북 투자와 무역을 담당하는 대외교류 창구역할을 하는 부서였다. 민족경제협력연합회 산하에는 전문 3부서가 있는데 광명성총회사는 피복·경공업·농수산물분야를 담당하고, 삼천리총회사는 전자·중공업·화학분야를 담당했으며 개선무역회사는 농업부문의 계약재배 등의 사업을 담당하였다.

곧 민족경제협력연합회에 연락해서 북경 시내 중심에 위치한 S호텔 커피숍에서 만나기로 하였다. 고사리를 수입하는 것은 처음이라 굉장히 조심스러웠지만, 더 긴장되는 것은 김일성 배지를 찬 북측 대표 2명을 만나는 것이었다. 서로 인사를 하고 우리 측 고사리 수입조건을 제시하니 북측에서는 민족 간 일이므로 고사리를 잘 보내겠다는 협의를 하였다. 그 후 고사리 수입 관련 업무는 양측의 조건을 충족시키기 위해 줄다리기가 이어졌고 드디어 첫 컨테이너를 선적하게 되었다. NH 무역에서는 한국에 도착한 첫 컨테이너를 통관시킨 후 창고에 입고하고 고사리 박스를 곧 개봉했다. 한 박스를 꺼내 고사리 일부를 직접 삶아서 품질검사를 해보니 예상과 달리 고사리 합격 도달기준에 30%밖에 되지 않았다. 나는 민경련 대표에게 고사리 품질에 대해 클레임을 제기하였고, 민경련에서는 "민족 간 그런 일이 다반사인데 너무 화내지 말라며 앞으로 좋은 품질의 고사리를 보내주겠다"고 약속을 하였다. 그러나 결국 4번째 컨테이너를 수입하고서부터 겨우 품질이 균일해지기 시작하였다.

그런데 클레임 처리 과정에서도 한국에서 직접 북한과 교역을 할 수 없었기에 꼭 서울에서 북경사무소로 팩스를 보낸 후 다시 북경에서 평양으로 팩스를 보내야 했다. 이렇듯 절차과정이 복잡한 대북사업은 늘 그 과정이 너무나 번거로웠고 위태하였다. 결국, 고사리 공급을 마치고 민경련과 몇 차례 더 만났지만 새로운 사업은 아쉽게도 더 이상 진행되지 못했다. 이때 나는 우리나라가 중국을 통해서만이 대북사업을 진행할 수 있다는 사실이 무척 안타까울 뿐이었다.

나는 중국 북경에서 한국으로 귀국한 이후 늘 북한과 교류는 꼭 이루어져야 한다고 생각해왔다. 그리고 만약 남북교류가 이루어진다면 이 교류의 출발점은 반드시 농업 분야 교류이어야 한다고 확신한다. 특히 농업 분야 교류에서는 농협이 가장 좋은 대북 농업 파트너가 될 수 있기 때문이다.

현실적으로 북한 정권이 가장 절실하게 필요로 하는 것은 사실 바로 식량문제 해결이다. 북한은 매년 식량 부족분을 메우기 위해 외부로부터 수입해야 하는 식량이 64만 1천t인데 지난해 2020년에는 수해로 인해 158만 톤이 필요했다. 그러나 대북제재와 코로나19로 인해 수입이 거의 어려워지면서 배고픔의 식량문제가 가장 시급하였을 것이다.

'쌀은 사회주의다'라는 김일성의 말처럼 북한의 식량문제 해결은 체제 유지의 필수 조건이다. 그리고 최고지도자의 최우선 과업이다.

이 식량문제를 해결하는 관점에는 단순히 쌀을 인도적으로 지원하는 방법과 다른 한편으론 북한 농업을 생산 전부터 체질개선을 하는 방법이 있다. 낙후된 북한 농업의 개선을 위해서는 농협과 정부의 적극적인 도움이 필요하다. 그러나 그 전제 조건은 당연히 북한의 개혁 개방을 통한 평화적 남북 관계개선을 조건으로 하고 있다.

북한의 「국가경제발전전략(2016~2020)」에서 농업부문을 다음과 같이 추진하였지만, 결과는 참담한 실패를 하였다. 아래에 열거된 추진 내용을 세밀히 보면 앞으로 북한 농업을 어떻게 발전시켜 나가야 하는지를 알 수 있고 또한 어떻게 도와주며 협력할 수 있는지를 파악할 수 있다. 그 내용을 더 자세히 살펴보자.

북한 「국가경제발전전략(2016~2020)」 농업부문 추진 전략

• 생산성 높고 안전한 우량 종자 육종 및 생산

• 현대화된 영농방법 혁신
  - 작물과 품종 배치를 적지적작(適地適作), 적기적작(適期適作)의 원칙으로 실시

- 농작물의 과학기술적 비배관리
- 유기질 복합비료 적극 이용

• 경작지 지력 향상을 위한 투쟁 전개
  - 저 수확지 면적 유형별 장악
  - 흙깔이(객토) 등 토지개량 사업 적극 추진
  - 유기농업 적극 장려
  - 논밭 정보당 20~30톤 이상 거름 생산

• 농업과학기술 성과 도입
  - 경작지 확보 및 토지 정리를 위한 전 군중적 운동 전개
  - 용매도, 홍건도 등 새 간척지 1만8,400여 정보 확보

• 남새(채소) 생산의 집약화 및 과학화
  - 다수확 품종의 남새 종자 육종
  - 도시근교 남새 전문구역 설정 및 생산의 전문화
  - 태양열 난방 박막온실 재배 적극 도입

• 버섯 생산의 과학화, 집약화, 공업화로 버섯 국가 확립

• 양곡 가공의 질적 보장
  - 양곡 가공설비의 현대화 및 세계적 수준의 가공기술 추진
  - 벼 가공설비의 현대화로 탈각율 5~8%, 출미율 1% 이상 향상

• 축산물 생산의 확대
  - 자체 우량가축 종자 확보
  - 사료 소비가 적고 번식률 높은 가축 육종

• 과수 산업의 발전
  - 품질, 생산성이 높은 과일 품종 확보
  - 기관, 기업, 학교의 과수원 화
  - 농촌 주택의 과일나무 심기 운동 전개

이러한 추진 과제는 북한 자체적으로 해결하기에는 분명한 한계가 있다. 만약 북한 입장에서 다른 어떤 곳과 협력이 꼭 필요하다면 그것은 남한과의 협력이 가장 최선일 것이다. 또 남측 농협의 영농 종합 지원체계를 함께 할 경우에는 더 높은 시너지를 낼 수 있다.

북측과 사업을 하는 것은 커다란 위험이 따른다. 그러나 개성공단은 6·15 선언의 성과로써 남측의 '자본과 기술', 북측의 '값싼 토지와 노동'이 결합한 남북경제협력의 성공모델이다. 그러나 늘 남북관계는 외줄 타기처럼 언제 바람이 불어 떨어질지 모르는 상황에서 굴곡진 한반도 정세의 그늘이기도 하다. 2007년 10·4 남북정상선언 이후 개성공단은 활성화가 되었지만 2008년 이명박 정부 출범 이후 남북관계가 경색되면서 부침을 거듭하다 박근혜 정부 시절인 2016년 2월 폐쇄가 되었다. 그해 1월 6일 북의 제4차 핵실험 실시로 남북관계가 파국으로 치달으면서 2월 10일에 개성공단은 전면 중단된 것이다. 이에 따라 정부와 민간교류 등 모든 대북사업이 중단되었고 이것은 지금까지도 이어져 많은 아쉬움으로 남게 되었다.

나는 여러 가지 개인적인 계기로 현재 중지된 개성공단 사업과 대북사업에 대해 늘 안타까운 마음이 가슴에 아린 채 남아 있다. 그런데 이곳 북한의 철책과 오성산이 바로 보이는 철원 김화에 와서 김화농협을 통해 다시 한번 또 다른 남북농업협력 교류에 물꼬를 발견하게 되었다. 우리 김화농협의 여러 사업이 향후 또 다른 북측과의 다양한 사업 기회로 충분히 연결될 수 있다는 전환점을 발견했기 때문이다.

남북관계가 평화적 분위기로 전환이 되어도 현재는 개성공단이 언제

재개가 될지 모른다. 문재인 정부의 4·27 판문점 선언에 '남과 북은 민간교류와 협력을 원만히 보장하기 위하여 쌍방 당국자가 상주하는 남북공동연락사무소를 개성지역에 설치한다'라는 합의도 했지만 이마저도 트럼프 정부와 북과의 견해 차이가 벌어지면서 경색국면이 계속되고 있다. 그리고 바이든 행정부는 북과의 점진적 개선에 대한 필요성에 대해 공감을 하지만 적극적인 행보는 아직 보이지 않고 있다.

개성공단에 진출한 기업들은 남쪽에서 대부분 원부자재를 조달하고 북쪽에는 임금과 임대료, 세금 등 최소 생산요소 비용을 제공하는 형태로 사업을 한다. 개성공단이 폐쇄되기 직전까지 활동하던 중소기업은 모두 123곳이다. 그런데 이 가운데 사업을 완전히 접은 기업은 한 곳도 없다. 각 기업은 어떻게든지 회사를 유지하며 개성공단이 다시 문을 열기만 기다리고 있다. 개성공단의 매력을 경험한 기업이라면 재입주 의사는 확고할 수밖에 없다. 그러나 이러한 국지적 개성공단 형태는 남북관계 경색 시 커다란 위험요인이 남아 있다. 새로운 남북 경협시대에는 국내 제조업의 진출 지역을 넓히고, 방식과 형태도 다양화해야 한다. 기존 개성공단에 진출한 기업들은 의류, 신발, 완구, 전자부품 등 대부분 영세 제조업이다. 남쪽에서 원부자재를 조달해 북쪽의 값싼 임금을 활용하는 임가공 사업의 비중이 컸다.

하지만 이런 단선적 사업 방식으로는 장기적이고 지속 가능한 사업을 담보할 수 없다. 개성공단처럼 비용이 적게 드는 북의 생산기지는 남쪽의 영세 제조업에 새로운 돌파구를 열어 주고 국내 산업 기반과 일자리 국외 유출을 막는 효과는 있다. 그러나 영세 제조업의 고비용·저수익

구조는 개성공단 하나만으로 돌파구를 찾기 어렵고 임금이나 토지사용 비용이 적게 든다는 매력도 북한의 경제 발전에 따라 점차 쇠퇴할 수밖에 없기 때문이다.

따라서 새로운 남북경협시대에는 국내 제조업의 진출 지역을 확대하고 방식과 형태도 다양화해야 한다. 그뿐만 아니라 국내 중소기업도 중요하지만, 남북 경협에 직접적인 영향을 줄 수 있는 농업의 협력도 중요한데 어디에도 이 노력은 보이지 않고 있다. 농업협력이 중요한 것은 북한의 식량 부족 문제가 매우 심각하고, 북한이 경제성장을 하기 위해서는 먼저 먹는 문제가 해결되어야 하기 때문이다. 이렇듯 북한과 농업협력의 의미는 지금 어느 시점보다 매우 중요하며 오히려 다른 어떤 협력영역보다 정치적 관점을 초월하는 협력영역이라 할 수 있다. 특히 접경지역의 농협은 북한과 농업협력을 할 수 있는 가장 좋은 여건을 갖추고 있다. 따라서 양측에서 순수한 교류의 상징으로 다가갈 수 있는 '초협동의 사업'으로 발전시킬 수 있다.

철원김화에 제3의 개성공단인 '김화형 모델'을 만들자!

이제는 이전 개성공단의 전철을 밟지 않기 위해 접경지역의 철원에 「제3의 개성공단 김화형 모델」을 만들어야 한다. 제3의 개성공단은 기존의 개성공단과 달리 남측 접경지역에 공단을 짓고 북측의 노동력이 남측에 내려와 일하는 출퇴근 방식이 되어야 한다. 이렇게 출퇴근 방식의 남북협력은 농업부문에서도 좋은 기회가 된다.

북측의 협동농장과 남측의 협동조합이 함께 파트너가 된다면 협동조합 간의 협동 모델이 남북협력의 새로운 모델로 될 수 있다. 즉 북한의 노동력이 남한에 내려와 APC, RPC 등 협동조합 공장에서 일하거나, 또는, 파프리카, 토마토의 하우스 농가 등 집중 노동력이 필요한 농가에서 일을 할 수 있게 된다. 북측에서 매일 500~1,000명의 노동력이 남측에 내려와 일하고 저녁에 다시 올라가면 민간교류 협력을 통해 평화의 마중물이 될 수 있다.

이러한 평화 모델의 최적지는 남과 북이 갈라져 있는 철원군이며 특히 원예작물 재배가 활성화된 이곳 '김화지역'이다. 특히 김화는 북한에도 김화군이 있기 때문에 같은 '김화'라는 동질감을 서로 가질 수 있어 상호교감에는 큰 어려움이 없을 것이다. 또 북측 김화군 인력이 남측에 내려와 일하게 되면 농업 노동력 부족 해소와 현재 외국인 노동자의 고임금으로 인한 농가의 경비 지출이 줄어들어 농업소득을 크게 증가시킬 수 있다.

그리고 한 걸음 더 나아가 북한의 김화군에 우리 시설하우스를 짓고 북한 농업인과 함께 생산한 농산물을 국내로 유통하고 세계로 수출하는 등 적극적 투자를 고려해 본다면 그 최적지는 남북의 분단 속에 다시 분단된 이곳! 바로 김화이다. 즉 북한의 「국가경제발전전략 (2016~2020)」 농업부문에서 강조한 것처럼 채소, 과일 등 현대화된 시설 원예부분과 양계, 양돈과 같은 축산분야에 새로운 기술과 시설투자를 필요로 한다고 본다. 이러한 원예작물의 특별한 기술을 가지고 있는 우리 김화농협 농가들이 북한의 김화군에 땅을 임차해 시설하우스를 짓고 북한 노동력을 활용해 농산물을 생산한다면, 그 생산물은 북한지역과 남한지역에 모두 유통 할 수 있다. 이를 위해 김화농협에서는 남북협력기금 등을 활용하여 북한에 산지유통센터(APC), 미곡종합처리장(RPC), 산지 도매시장, 집하장 등을 건립할 수 있고, 하나로마트를 만들어 북한 주민에게 질 좋은 남측의 공산품과 농산물도 공급할 수 있다.

한우, 양돈, 양계 등의 축산업도 철원김화지역이 발달하였으므로 북한 김화군 내에 축산시설을 건립하여 사육할 수 있다. 이를 위하여 김화농협과 축협이 공동으로 축산기술 전수 및 사료 공급, 동물용 의약품 등을 제공하고 소, 돼지, 닭 등을 도축, 도계 할 수 있는 도축장 등을 건립하여 북한 내 유통을 하거나 남한에도 동시에 하나로마트, 대형매장 등에 유통을 할 수 있다.

북측의 농업은 현재 여러 가지 사정으로 매우 황폐해져 있기 때문에 우리 김화농협에서는 농산물의 생산 전, 생산 중, 생산 후 농업의 전 과정을 지원할 수 있다. 즉 종자, 비료, 농약, 비닐 등 모든 농자재와 농기계도 함께 공급하여 북한 농업의 생산성 향상에 도움을 줄 수 있다.

더불어 북한 김화군의 협동농장과 경종업에 대한 종합개발 파트너로서 김화농협에서 생산지도와 마케팅 분야를 지원 할 수 있다. 또 북한의 낙후된 금융시스템에 상호금융 업무를 시범 도입할 때 김화농협의 상호금융 시스템을 접목하면서 함께 발전해 나아 갈 수 있다.

만약 남과 북이 「제3의 개성공단 김화형 모델」을 채택할 경우 현재 김화지역에 잘 준비하고 가꿔놓은 플라즈마 산업단지를 활용할 수도 있다. 이곳은 현재 분양이 저조한 상태이지만 앞으로 입주를 희망하는 회사들에게 북한의 노동력을 활용할 수 있다는 비전을 준다면 당장 플라즈마 입주 기업이 많아질 것이다. 그리고 오성산이 바로 보이는 이곳에 세계평화 치유센터를 유치해 세계평화센터의 역할을 감당하게 한다면 김화지역은 국제기구를 유치하는 성과를 낼 것이고 현재의 김화의 지리적, 지역적 열세는 오히려 가장 큰 장점으로 전환되어 중요한 위치로 자리 잡을 수 있다. 남북교류를 단순한 공단 중심에서 벗어나 직접 농업 생산현장에서 활용할 수 있는 교류로 전환 시킬 필요가 충분히 있다. 세월이 흘러 시대가 바뀌어도 나라마다 변하지 않은 공통적 유일함이 민족의 식문화 즉 먹거리 문화다.

북한 김화군과 김화농협 초협동 발전 계획

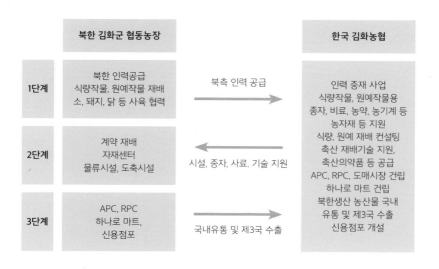

	북한 김화군 협동농장		한국 김화농협
1단계	북한 인력공급 식량작물, 원예작물 재배 소, 돼지, 닭 등 사육 협력	북측 인력 공급 →	인력 중재 사업 식량작물, 원예작물용 종자, 비료, 농약, 농기계 등 농자재 등 지원 식량, 원예 재배 컨설팅 축산 재배기술 지원, 축산의약품 등 공급 APC, RPC, 도매시장 건립 하나로 마트 건립 북한생산 농산물 국내 유통 및 제3국 수출 신용점포 개설
2단계	계약 재배 자재센터 물류시설, 도축시설	← 시설, 종자, 사료, 기술 지원	
3단계	APC, RPC 하나로 마트, 신용점포	국내유통 및 제3국 수출 →	

남북협력이 가장 생활의 기본이 되고 가장 살림살이에 필요한 농업협력부터 시작된다면 진정 남북은 8천만 단일 시장 형성의 기초를 마련할 수 있고 세계를 향해 나아갈 수 있다. 우리가 북측에 농업개발과 농업투자를 단순한 일회성이 아닌 '종합적 초협동'의 지원프로그램으로 안전하고 평화롭게 진행된다면 통일시대를 준비하는 협력의 출발점을 만들 수 있다고 본다. 이러한 시대는 갑자기 10년 이내에 바로 올 수도 있다. 특히 농업을 주업으로 사는 김화 조합원들은 남북교류 시대를 맞이할 준비를 하여야 한다고 생각한다. 역사는 준비된 자들이 이끌어가기 때문이다. 우리 김화농업협동조합이 그 중심에 있기를 소망하여 본다.

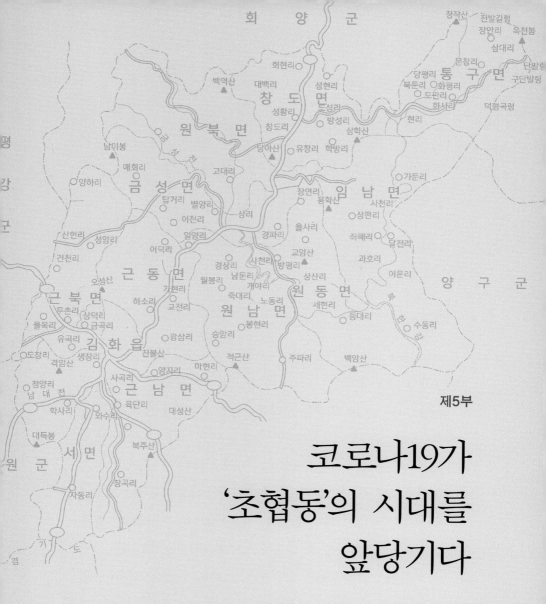

제5부

코로나19가
'초협동'의 시대를
앞당기다

포스트 코로나19를 대비하는 농업

1.

코로나19! 농업에 위기인가?
기회인가?

　1년 6개월 전 전대미문의 코로나 바이러스19 전염병이 평온했던 농촌의 일상을, 아니 도시의 일상을, 우리의 생활을 송두리째 집어삼켰다.

　바이러스 감염은 내가 확진자라는 명찰을 쓰고 다니지 않는 이상 알수가 없다. 서로를 불신하는 코로나19 시대에 인류는 이 미증유의 위기를 극복하기 위한 공존과 공생, 협동이란 가치를 다시 떠올렸다.

　2020년 3월 영농철이 되자 계속되는 자재공급으로 각 사업장은 분주하게 돌아가고 있었다. 이즈음 농협에 오시는 조합원들에게 체온 측정과 혹시 이상이 있으면 출입을 삼가 달라고 요청을 하였다. 그런데 조합원께서 농협에 와서 비료, 농약을 사야 하는 데 마스크를 쓰지 않는다고 출입을 제한하니 몹시 당황스럽다며 마스크를 살 수 없는데 어떻게 마스크를 쓰냐고 화를 내셨다.

　지금은 마스크가 너무 많이 생산되어 갑자기 마스크 공장을 차린 많은 중소기업이 판매에 어려움을 겪고 있지만 1년 전 코로나19가 전국을 강타할 때만 해도 마스크 품귀 현상이 나타나 마스크 가격이 연일 천정부지로 치솟았었다. 마스크를 사고 싶어도 살 수 없는 상황이 되자 마스크를 농협에서 대신 사서 공급해 달라는 조합원들의 요구가 거세게 몰려왔다. 마스크 대란이 일어난 것이다. 마스크는 마스크대로 문제였지만 정작 코로나19는 농업·농촌에 커다란 영향을 미치게 되었다. 3월 초 영농철이 도래하자 농업인들은 경칩이 지나면서 점점 바빠지기 시작했다.

농사는 때를 놓치면 한해를 망치기에 자재부에서는 철원오대벼씨를 각 영농회별로 공급을 하였다. 코로나19가 와도 농업인은 모종을 심고, 밭을 일구는 등 분주히 일해야만 한다. 농사는 수많은 바이러스와 전쟁을 하면서 농작물을 생산해 왔는데, 인간은 코로나19 바이러스에 의해 일상의 삶이 정지된 것이다. 조합의 최고의결 기관인 총회도 본부의 지침에 따라 개최할 수 없어 서면으로 의결하고 각종 행사 등이 줄줄이 취소되었다.

이렇게 농촌 사회에도 코로나19로 인해 많은 변화가 왔다. 먼저 우리 김화는 철원에 있는 산지농협으로서 철원군의 70%가 농업에 종사하고 있으며 최전방이라 군부대 병사들의 소비가 많은 곳이다. 그런데 인구 감소로 민간경제 발전이 위축되고, 군부대 전염이 확산되면서 외출, 외박, 휴가 등이 금지가 되니 더욱 소비가 줄어들어 한층 더 어려움을 겪었다.

이런 시골에서 농사가 잘돼야 지역경제가 산다는 말이 이제 옛말이 되고 있다. 코로나19로 전국의 1,000여 개의 지역축제가 열리지 못해 축제수익으로 1년을 먹고사는 농촌에 커다란 타격을 주었다. 특히 2020년 1월 겨울은 기후변화로 춥지 않아 화천의 유명한 '산천어 축제'가 개최되지 못했고, 8월의 철원김화의 '화강 다슬기 축제'도 개최할 수 없었듯이 코로나19로 인해 전국의 모든 지역 축제가 취소되었다.

그리고 농촌체험 휴양마을도 개점휴업이나 다름없이 손님이 없는 한 해를 보냈다. 김화에 있는 팬션, 농촌민박 등도 파리가 날리면서 힘든 한 해를 보낼 수밖에 없었다. 더 심각한 것은 학교급식 중단으로 납품농가의 피해가 매우 컸으며, 공공 체육시설, 교육시설, 문화프로그램 등도 중단되었다. 당연히 김화농협에서 운영하는 풍물패와 기타 연주반도 연습을 할 수 없게 되었다. 그나마 숨을 쉴 수 있었던 것은 그동안 확대된 복지정책과 직접지원비인 재난지원금 덕분이었다. 고령자가 다수를 차지하는 농촌에서 매월 지급되는 기초연금과 이런저런 명목으로 지원되는 현금은 유일한 단비였다.

이렇게 코로나19 이후로 환경, 생태, 안전, 분산, 언택트, 온라인의 시대가 도래했고 온라인과 스마트 워크는 선택이 아닌 필수가 되었다. 그리고 최근 기업들이 선택한 재택근무가 계속 확산이 되면 도심 밀집 현상도 다소 누그러질 것이다. 이제는 집이 근무하는 곳이고 일상의 혼돈을 벗어나 바이러스 감염을 피하는 은신처가 될 것이다.

이 글을 쓰는 8월 초에도 코로나19 국내확진자가 델타변이 바이러스로 인해 2,000여명으로 증가하고 있고, 일본은 토쿄올림픽 기간이지만 하루 1만명의 확진자가 발생하고 있다. 미국도 하루 10만명으로 다시 증가하고 있어 백신을 맞았어도 마스크를 착용토록 하고 있다. 전세계 확진자가 2억명에 다다르고 있고 사망자도 423만명에 이르고 있어 인류는 당분간 백신에 대한 기대 보다 변이바이러스에 대한 두려움으로 각자의 공간을 지키며 코로나19와 함께 사는 시대를 준비하고 있다.

이런 관점에서 농촌은 코로나19로 인해 농사를 짓는 곳만이 아닌 바이러스로부터 안전하고, 쉴 줄 수 있고, 도심에서 벗어난 재택근무의 새로운 환경으로 거듭 태어나는 계기가 되었다. 이제 농촌이 과거 농업만 했던 곳에서 더 살기 편하면서 안전한 곳, 자연과 환경이 살아 숨 쉬는 곳, 지속가능한 경제 활동이 이루어지는 공간으로 변할 때 코로나19는 오히려 위기의 농촌을 기회의 농촌으로 바꾸어 줄 것이다. 특히 김화지역은 서울에서 90km 떨어진 독보적인 청정지역이다. 비무장지대의 깨끗한 생태환경으로 맑은 화강의 물흐름에 몸을 노곤히 할 수 있는 새로운 농촌형 안전 공간이 충분히 될 수 있다.

2.

포스트 코로나19로 인한
농업의 변화

올해는 코로나19 예방을 위한 백신 접종이 화두이다. 예상보다 빠르게 백신접종이 이루어 지면서 점차 일상을 회복하고 있다. 지난 코로나19 시대를 회고해 보면 격세지감이 느껴진다. 코로나19가 막 시작이 되었을 때 직원들과 '코로나19가 몰고 올 농업·농촌의 변화는 무엇이며 우리 농협은 무엇을 해야 하는가?'에 대해 토론을 하였다. 코로나19로 인해 우선 '농산물 수급 및 가격 안정, 영농기 농촌 노동력 확보, 다양한 농산물 판매처 확보, 농산물 소비 활성화' 등이 필요하다는 이야기들이 오고 갔다.

사실 코로나19로 인한 피해도 컸지만, 반면 코로나19가 그동안 변하지 않고 있던 우리를 변화하게 만드는 계기가 되기도 하였다. 왜냐면 조합원과 우리 김화, 철원 지역사회를 변화시킬 수 있는 순기능의 긍정적 효과도 도출되었기 때문이다. 코로나19의 가장 큰 영향을 받은 업종은

식당업, 여행업, 항공업, 호텔업, 백화점, 섬유, 의류, 화장품, 전시산업, 스포츠산업, 영화관, 카지노 등 대부분 3차 산업이 직격탄을 맞았다. 그 반면에 코로나19는 온라인 쇼핑, 배달서비스, 캠핑, 골프, 편의점, 온라인 교육, 게임, 원격근무 솔루션, 제약, 위생용품 등 비대면 서비스와 디지털에 큰 수혜를 주었고, 해외여행을 할 수 없기에 국내 휴양이 늘면서 이와 관계된 업종이나 부문 영역들이 코로나 수혜업종이 되었다.

농업도 역시 코로나19로 피해를 보았지만 중·장기적으로는 인간의 생존에 대한 먹거리 욕구 충족을 위해 큰 수혜업종으로 전환될 것이다. 지금까지도 진행 중인 코로나19에 따른 농업·농촌의 영향을 자세히 살펴보면 다음과 같이 요약될 수 있다.

첫째, 농산물 가격은 안정세이거나 상승할 수 있다.

학교는 온라인 수업으로 바뀌면서 농산물 소비급감, 판매거래처 납품거부 등으로 농산물 가격이 하락할 것으로 예측을 하였다. 우리 철원지역은 여름작기라 봄에 파종하고 6월부터 파프리카, 토마토가 생산되므로 초기 예측은 실패하였다. 또 코로나19로 인해 식당이 영업하지 못하자 배달위주 전략으로 곧장 바뀌어 버렸다. 이렇듯 재택근무, 학교 온라인 수업으로 집에서 주로 먹게 되면서 여러 음식 재료인 원료농산물 소비가 뜻밖에 마트, 홈쇼핑, 인터넷쇼핑몰에서 주문이 증가하여 농산물 가격을 지지해 주었다.

둘째, 농촌 노동력, 일손 부족이 심화된다.

코로나19로 영농철 가장 일손이 필요한데 외국인 근로자가 입국할 수 없게 되자, 일부 영농을 포기하는 농가가 발생하였다. 4~5천평이나 되는 파프리카, 토마토 등의 원예시설 농가는 일손이 부족하여 규모를 1-2천평씩 축소하여 농사를 짓게 되었다. 또한 부족한 일손 때문에 농가별로 외국인 노동자 쟁탈전이 벌어져 몇만 원씩 더 주며 인력을 빼가는 경우가 많이 생겼다.

특히 올해는 지난해 코로나 발생 때보다 더 일손이 부족해 농사를 포기하는 농가도 나타나고 있다. 외국인노동자 입국이 금지되면서 농번기 농가 일당이 그냥 오르는 게 아니라 그야말로 폭등에 폭등을 해버렸다. 외국인 노동자가 귀하신 몸으로 대접받는 시대에 많은 농가는 '농사를 그만 포기해야 하나?'라는 선택을 고민하고 있다.

셋째, 국제 물류망 붕괴에 따른 비료, 양액 등 수입원료 수급 불안정에 따른 영농자재 수급 차질 및 가격 인상이 예상된다. 지난해 중국에서 수입되는 자재가 수입 지연에 따라 미리 영농자재를 확보토록 하였다. 그런데 올해 원자재 가격이 급등하고 있어 농산물 포장박스가 17% 인상되고, 각종 자재가격도 올라 농가 경영비 부담이 더 증가하고 있다.

넷째, 대형 유통업체의 매출 침체로 농산물도 마트 출하보다는 온라인 출하가 증가하여 온디멘드(On-Demand) 사업이 활성화할 것이다. 쿠팡, 11번가, 농협쇼핑몰 등을 통한 농산물 매출이 특히 증가하였는데 이는 비대면 구매 활성화에 요인이 있다.

다섯째, 면역력에 도움이 되는 농산물 수요가 매우 증가할 것이다. 인삼, 파프리카, 토마토, 사과 등 면역력 증진에 도움이 되는 채소 과일과 건강에 도움이 되는 김치, 된장 등 발효식품 수요가 증가할 것이다.

여섯째, 체험농장, 농가민박은 방문객 감소로 어려움이 가중될 것이다. 농가의 체험농장과 농가민박에 대한 방문 기피가 심화되어 체험농장 운영의 존폐를 걱정해야 한다.

일곱째, 지역축제가 취소되고 농촌관광객이 감소하여 농촌 활력이 저하되는 등 농촌경제에 큰 어려움이 예상된다. 김화지역에 매년 8월 다슬기 축제를 통하여 김화 농산물 홍보 및 판매가 이루어졌는데 대부분 지역축제가 취소되어 관광객이 감소하여 농촌경제가 피폐해지고 있다.

여덟째, 각국의 국경 통제와 물류 시스템 붕괴로 농산물 수출의 어려움이 예상된다. 지난해 파프리카 수출에 있어 일본의 봉쇄조치와 컨테이너선 급감에 따른 물류의 어려움으로 농산물 수출이 감소하였다. 그런데 올해는 엉뚱하게 코로나19가 백신효과로 경제가 회복되면서 수출입 교역량이 증가하면서 컨테이너선 가격이 급등하고 있어 수출업체에 비용이 상승하고 있다.

아홉째, 농촌의 고령 노인들이 폐쇄된 마을회관, 노인정과 자녀들의 방문 금지 등으로 코로나 블루 즉 코로나 우울증이 증가할 것이다. 코로나19가 확산하면서 김화지역 노인분들이 매일 집에만 있어 사람을 만나지 못하는 외로움을 호소하는 경우가 많다. 자녀들도 코로나19로 오지 못해 더욱 외로움을 호소하고 있다.

코로나19 농업 영향

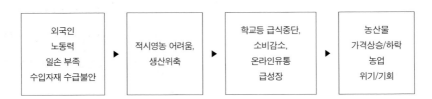

이렇게 모든 것이 여의치 않고 어렵지만 부족한 농촌의 인력난 해소를 위해 '도·농 협력 일자리 연계사업'과 같이 농촌의 부족한 인력을 도시에서 충원해야 하는 제도가 활성화되어야 한다. 이를 위해 도시 실업자와 농장과의 연계해주는 센터를 만들어 운영하여야 하는 데 문제는 현실적으로 도시실업자를 농촌현장 직접투입 시 농가에서 원하는 만큼 성과가 잘 나오지 않는 것이다. 이를 해결하기 위해 도시실업자에게 농업노동 현장실습을 할 수 있는 프로그램을 만들고 이에 대한 지원을 노동부에서 실행하여 졸업과 동시에 농촌에 투입되도록 해 인력을 효율적으로 운영하여야 한다고 생각한다.

중장기적으로 농촌의 부족한 노동력을 보충하기 위하여 앞장에서 제시한 「제3의 개성공단 모델」 방식을 추진하여 북한 인력이 이곳 김화의 여러 농장에서 일할 수 있도록 평화무드를 조성해야 한다.

그리고 팬데믹 지속에 따라 확진자 발생 등으로 농산물을 생산하지 못한 농가에 「전염병 지원 보험」 등을 개발하여 보급하여야 한다. 농작물은 계절성이므로 적기 생산, 적기 출하를 하지 못할 경우 농가의 피해가 매우 크다. 따라서 보장보험의 범위를 전염병 영역까지 확산할 필요가 있다. 그리고 팬데믹 현상으로 급격한 인건비 상승 부담분에 대한 보험 적용 등도 다시 검토하여야 한다. 학교급식 중단 등으로 농산물꾸러미 사업을 추진하고 있는데, 상황에 따라 밀키트(식사 꾸러미) 등을 포함하는 선택적 농산물꾸러미사업도 상시화하는 제도보완도 필요하다고 본다.

3.

코로나19가 준 교훈
'초협동'의 가치관

근래 우리가 처음으로 겪은 코로나19 펜데믹 상황은 많은 교훈과 상흔을 남겼고 앞으로 미래사회로 나아갈 방향까지 제시해 주었다. 무엇보다 사람의 생명이 얼마나 소중한가를 다시금 생각하게 만들고 이 세상은 나 혼자만 살 수 있는 사회가 아닌 더불어 살아야 하는 사회임을 체감하고 있다, 또한 자의든 타의든 모든 영역이 촘촘한 네트워크로 연결되어서 이제 우리 사회가 모든 영역에서 더 이상 경계 없는 '초협동의 시대'로 갈 수밖에 없는 상황이 전개되고 있다. 지금까지 우리가 보편적으로 알고 있던 경제적 약육강식 시대는 예측 불허의 불확실성의 시대로 급변하고 있다.

물론 가장 큰 요인 중 하나는 눈에 보이지 않는 조그마한 바이러스로 인해 전 세계가 국경을 봉쇄했어도 전염이 급속도로 빠르게 발생하는 코로나19펜데믹 현상이었다. 이러한 상황에서 세계는 각기 자신이 속한 집단이나 지역, 혹은 자신의 국가만이라도 생존하기 위해 국경을 봉쇄하고 이동을 제한해도 바이러스 확산을 막을 수 없다는 사실과 영화에서처럼 혼자만 살아 생존할 수 없음을 알게 하였다. **그야말로 국가, 혹은 개인의 이기심을 너머 서로 공생과 상생, 배려의 '초협동'만이 우리 사회를 생존하고 유지할 수 있는 시대가 도래한 것이다.**

따라서 나만 잘살 수 없는 시대, 생명 자체가 공생하지 않으면 생명이 연속될 수 없는 시대에 우리가 생존하기 위해서는 '협동'을 최우선으로 하는 가치관의 전환과 실천방식이 뒷받침되어야 한다. 예를 들어 마스크 한 장을 쓰는 것도 나를 위한 것뿐 아니라 타인을 위해 쓰는 것이고, **이것이 바로 공생이며 이러한 배려가 네트워크 협업과 협동을 넘어 '초협동의 시대'로 변해 나가는 과정이라고 볼 수 있다.**

이번에 2021년 한미정상회담과 영국에서 열린 G7 회담에서 우리 정부는 미국 등 백신 개발국들에게 단순히 한국이 필요한 백신을 요청하는 문제를 뛰어넘어 앞으로 대한민국이 백신 허브역할을 하겠다는 제안을 하였다. 이것은 세계의 심각한 위기상황을 해결하는 데 참여하겠다는 의지의 표현으로 모두 같은 맥락으로 보아야 할 것이다.

협동이란 개인이나 집단이 활동을 결합하고, 서로 도우면서 같이 일하는 것을 말한다. 그런데 이번 코로나19 사태를 보내며 나는 협동의 큰 뜻을 '나에게도 이롭고 타인에게도 이로운 것'이라고 말하고 싶다. 협동에는 적대적 협동, 강제적 협동, 경쟁적 협동, 소비자의 협동, 생태학적 협동, 자발적 협동 등의 여러 형식이 있다. 이제 협동은 사회의 발전이나 복지, 영속을 위한 기본적 조건이며 과거보다 더 중요시되고 있는 시대적 가치관이다. 이 협동 가치관을 근거로 설립된 협동조합의 근본적인 목적을 개인을 뛰어넘어 모든 조합원의 부의 창조로 보는 것도 이 때문이다. 부라고 하는 것이 경제적, 물질적 부도 있지만, 여기에 문화, 환경, 생태, 여가 등의 복지의 부도 같이 증대시키는 것이 협동조합이다.

협동조합의 뿌리인 농업은 작물 생산에 있어 수확하고, 다시 씨를 심는 증식순환 운동의 생명 활동이라 볼 수 있다. 따라서 이를 토대로 세운 협동조합은 생태, 평화의 생명을 중시하는 지금의 '초협동 사회'에 가장 적합하며 나아가 더욱 발전시켜야 하는 핵심이라고 생각한다. 농업이 생명이라면 생명은 생태이며 곧 환경이고, 이는 인류의 먹거리 생산을 기초로 '초협동 시대'를 연결 시키는 중요한 출발점인 것이다. 현재 겪고 있는 코로나19로 인해 사람을 직접 만날 수 없고, 식사도 마음대로 할 수 없지만, 우리는 이 어려운 시기를 이겨나가기 위해서 다시 한번 '초협동의 가치'가 무엇인지 생각해야 할 것 같다.

어려울 때일수록 모두가 힘을 합치면 고난을 이겨낼 수 있고 새로운 기회를 가질 수 있다. 맹자(孟子) '공손추(公孫丑)상'에 "하늘의 때는 땅의 이로움보다 못하고 땅의 이로움은 사람의 화합만 못하다(天時不如地利 地利不如人和)."라고 말하고 있다. 이제 그 어떤 하늘이 준 기회보다, 땅의 이점 보다, 사람들의 마음을 하나로 뭉치는 협동의 힘이 더 강력히 요구된다. 제아무리 어려운 상황이라도 사람들이 한마음으로 대처할 수 있다면 능히 이겨낼 수 있다. 우리 한국인은 위기에 특히 강한 민족이다. 지금이야말로 어려울 때 자기만의 이익을 넘어 공존, 공생, '초협동'의 힘이 무엇보다 필요한 것이다.

좁게 보면 코로나19가 단기적으로 농업·농촌에 어려움이 가중될 것으로 예상하지만 장기적으로는 생태, 환경, 안전한 먹거리 등 오히려 농촌과 농업의 가치를 올릴 새로운 기회가 될 수 있다. 위기를 기회로 만들기 위해 모두 지혜를 모아야 할 때이다.

맺음말

　이곳 철원김화에 온 지 만 2년이 되어 간다. 처음 김화를 간다고 하니 친구들은 낯설은 곳에 왜 가냐고 물었지만 그래도 내가 20대 청춘을 바친 곳에서 또 다른 농업과 농촌, 협동조합을 직접 경험하고 바로 세울 수 있으니 이 또한 감사하다고 답했다.

　막상 사무실에 와 보니 1만 평 넓은 대지 위에 RPC, APC, 자재센터가 큰 위용을 자랑하는데, 농협 간판은 일부가 떨어져서 청색 테이프로 붙여 놓고, 화장실에는 거미줄이 쳐져 있었다. 하하! 파리는 왜 이렇게 많은지 잡아도 잡아도 끝이 없이 몰려든다. 생각해 보니 미곡 처리장이 옆에 있어 파리가 많은 것은 당연했다.

　이제 다시 제2의 청춘을 이곳에서 쓴다고 생각하며 먼저 ACDC+KS 운동을 전개했다. 즉 정리정돈 생활화(Arrangement), 청결 유지(Cleanses), 규칙과 질서(Discipline), 변화(Change), 친절(Kindness), 신속(Speediness)을

262

모토로 했다. 그리고 김화의 아픈 역사처럼 우리 김화농협의 아픔도, 이제는 과거를 탓하기보다 미래의 변화된 모습을 제시하며 비전을 다시 설정하고 나아갔다.

그러나 지난해부터 코로나로 인해 직원회의도 자주 하지 못하며 화상 회의로 대체하는 시간이 많아 한순간의 의식 개혁은 쉽지 않았다. 이런 상황에도 우리 김화농협은 하나로마트와 주유소를 새로운 성장동력 사업으로 정하고 부지 매입을 한 후 건축을 진행 중에 있다. 이제 뼈대가 구축되면 그것을 잘 운영하는 김화농협 소프트웨어를 만들어 운영해 나아갈 것이다. 지금까지 김화에서 머물렀던 짧은 시간이었지만 그동안 느꼈던 여러 영역의 주제를 다루어 보았다. 김화의 역사, 그리고 DMZ 의 의미, 협동조합까지 다양한 사건들을 김화에 투영해 보니 또 다른 김화의 모습을 발견하게 된다. **옛날에는 금이 많이 나오는 곳이라 해서 김화를 '금벌'이라고 불렀다 한다. 그런데 그 금이 이제 원예농산물로, 오대쌀로 황금이 되어 돌아오고 있다.**

이제 농업이 발전하여 금으로 돌아오는 우리 김화농협이 접경지역 협동조합으로서 북한까지 어우르는 조합이 되었으면 좋겠다. 나아가 모든 방면에 '초협동 정신'을 실천하는 조합이 되기를 바라며 이 소망이 허공에 외치는 소리가 아니라 오성산에서 다시 돌아오는 메아리가 되기를 간절히 바란다.

초협동의 시대 *김화의 꿈!*

초판 1쇄 발행일 2021년 10월 12일

지은이 이범석
펴낸이 이은종
펴낸곳 함성B&S비전코람데오출판사
출판등록 제324-2014-000045호
홈페이지 www.visioncoram.com
주소 서울시 강동구 양재대로 1339 삼오빌딩 203호
전화 02 428-7256 팩스 050-4327-7256

ISBN 979-11-6385-328-2 03330

ⓒ 이범석 Printed in Seoul, Korea.